DÉVELOPPER SON FÉMININ SACRÉ

Éditions Eyrolles
61, bd Saint-Germain
75240 Paris Cedex 05
www.editions-eyrolles.com

Mise en pages : Istria

ISBN : 978-2-416-00395-0

Aurélie Godefroy

DÉVELOPPER SON FÉMININ SACRÉ

Se reconnecter à sa puissance et vivre pleinement sa féminité

Éditions
EYROLLES

SOMMAIRE

PARTIE 1

DÉCOUVRIR LE FÉMININ SACRÉ

Vous incarnez la puissance, elle est en chacune de nous ! À la fois sauvage, belle, multiple et luxuriante… comme l'est la nature. Nous pouvons nous réapproprier cette puissance non seulement à travers des qualités classiquement qualifiées de « féminines » comme la douceur, l'empathie, la créativité, l'émotion et l'intuition, mais aussi en assumant notre autonomie, en paix et en sachant mettre des limites. La douceur ne signifie pas ici la docilité, mais l'assurance et la conscience de ce que nous sommes et de ce que nous voulons.

Ce pouvoir a toujours été présent, mais nous ne nous sommes pas toujours accordé le droit de nous l'approprier, dans une société remplie d'injonctions diverses et variées. Cela passe par la reconnexion à nous-mêmes et à notre nature profonde, en nous remettant en phase avec les différents cycles qui régissent nos vies de femmes : celui des saisons, celui de la Lune… mais, aussi et surtout, notre rythme intérieur et intime. Vous réapproprier votre corps de femme vous permettra de rayonner et de développer ce magnifique potentiel créateur. L'harmonie que vous créerez en vous-même, à travers notamment l'alignement et l'ancrage, se répercutera sur votre lien aux autres et, de manière plus générale, sur votre environnement. Faisons émerger notre essence la plus profonde, à la fois de manière singulière et universelle ! Le féminin sacré nous aide à nous tenir debout, à nous imposer, à prendre notre place dans le monde en nous respectant, et à oser pleinement nous émanciper, loin des diktats et des normes sociales.

CHAPITRE 1

QU'EST-CE QUE LE FÉMININ SACRÉ ?

« Féminin sacré » : un terme que l'on entend de plus en plus, mais terriblement abstrait. Car le féminin sacré, c'est avant tout un retour à l'intuition, le fait de se reconnecter à son corps et à ses sensations… C'est permettre aux femmes de découvrir leur pouvoir et leur indépendance. Les ateliers, les stages, les cercles de femmes se multiplient… et répondent à une réelle nécessité. Méditation sur les chakras, exercices de yoga, récitation de mantras, chants et danses sont au programme de ces moments partagés par des femmes de tous âges et de tous horizons, mais venues pour cette même quête : se reconnecter à elles-mêmes.

Ce terme peut faire l'objet de nombreux malentendus : précisons qu'il ne s'agit absolument pas d'une idée qui évoque la puissance sociale des femmes, mais bien leur essence originelle. Il s'agit aussi de la manifestation et de l'incarnation de la Terre, la Lune, l'Amour… les entités fondamentales qui constituent notre univers.

Ce féminin est avant tout une force

Dans cette époque troublée et incertaine, la spiritualité (quelle qu'elle soit) est une quête avant tout individuelle ; les rites et la magie qui vont avec, nous rassemblent autour d'un but commun : repenser notre société et prendre soin du monde. Ces pratiques permettent de retisser le lien avec notre être profond ; les tensions et les émotions se libèrent. Les femmes retrouvent alors le chemin naturel vers leur corps, leur ventre et leur puissance créatrice. Car ce féminin est avant tout une force, une incarnation, une connexion profonde avec le corps : cette part importante de nous qui a longtemps été interdite, qui a inspiré la plus grande terreur dans les structures patriarcales régissant les grandes religions, en isolant la divinité de la femme.

Si, à l'aube de l'humanité, on avait conscience de ce féminin sacré, celui-ci a très rapidement été oublié. Rappelons-nous que, dans les premières sociétés nomades, la femme et la Lune engendraient la vie (et, au temps de la préhistoire, on pensait même que le Soleil fécondait la femme !). Puis les dieux firent leur apparition en écho aux déesses, pour ne laisser la place qu'à un seul dieu, de sexe masculin.

Au Ve siècle après J.-C., on enleva la prêtrise aux femmes romaines, on évacua les disciples féminins du Christ, de Marie-Madeleine à Marthe, entre autres. Nombreuses sont les saintes que l'on fit passer pour des pécheresses ou pour de simples martyres, comme en témoigne *La Légende dorée* de Jacques de Voragine. Si certains mouvements féminins comme celui des béguines (installées sur l'île Saint-Louis à Paris au XIIIe siècle) ont un temps pu être autonomes et autorisés à travailler, le répit fut de courte durée, puisqu'un siècle après, à la suite du concile de Vienne, Clément V les fit persécuter.

Aujourd'hui, enfin, les femmes se retrouvent et retissent le lien. Participer à ces échanges, c'est aussi prendre un temps pour soi, contacter son « moi » intérieur pour ensuite partager. Car la parole est le dénominateur commun de ces rassemblements : des histoires livrées sans tabou, qui se font écho et révèlent toutes les facettes du féminin. Des rituels qui permettent de dépasser le mental pour plonger directement dans la psyché collective.

Il s'agit de prendre confiance, d'ouvrir son cœur – même si c'est difficile après des siècles de patriarcat –, et de ne pas avoir peur de prendre l'espace.

Depuis quelques années, il est beaucoup moins tabou et de plus en plus fréquent, pour les femmes, de s'éclipser de leur quotidien afin d'entrer dans l'intimité de mystérieux regroupements : *Moon Lodges,* « tentes rouges » ou encore cercles de femmes. Celles qui en parlent les évoquent souvent en ces termes : « guérison », « transformation », « révélation »... Un « beau bain de femmes », un bain de douceur tout autant que de force. L'objectif est de ranimer la flamme de cette puissance de femme, affaiblie par nos histoires de vie et par le train-train quotidien. Peu à peu, la sororité déploie ses ailes dans le cercle, où chacune peut être reconnue et se reconnaître dans son unicité. C'est le processus propre aux rites d'initiation : quelque chose lâche, ce qui nous permet d'aller au-delà des résistances pour atteindre cette essence de soi, libre. « *C'est votre force en tant que femmes de vous réunir ainsi,* confie l'anthropologue italien Martin Alberti. *Les hommes ont plus de mal à se confier entre eux, à parler de leurs traumatismes, et donc à guérir.* »

Prendre ses responsabilités

Ces rassemblements ne sont pas nouveaux : ils s'inspirent des tribus amérindiennes, dans lesquelles les femmes se retiraient ensemble pendant la période de leurs menstruations. Brooke Medicine Eagle inspire de nombreuses femmes aujourd'hui. Porteuse du sang amérindien de plusieurs tribus par son père et sa mère, cette dernière est inscrite sur les registres officiels de la tribu des Crows. Un sang mêlé et deux mondes qui furent longtemps, pour elle, autant un défi qu'un cadeau, ce qui donna cette jolie métaphore du « Pont arc-en-ciel », devenu le cœur de son enseignement : « *J'ai senti que je devais porter le message de la femme Arc-en-ciel à toutes les femmes. Nous choisissons en effet un corps de femme pour notre marche sur Terre, et avec lui la charge de nourrir la vie et de la renouveler. Nous sommes nées avec davantage de connaissance des aspects féminins, réceptifs, relationnels de la vie : tout comme ceux qui ont choisi un corps d'homme ont reçu davantage de caractéristiques masculines d'activité et de capacité d'analyse. Le défi en chacun est d'éveiller et de développer ces facultés innées, et d'apprendre celles qui nous sont moins familières, pour que le masculin et le féminin soient véritablement en équilibre en nous.* »

N'est-il pas temps, en effet, de prendre nos responsabilités ? Nous qui avons trop sous-estimé le pouvoir de l'union, de l'unité, de la relation, de l'harmonie, de la fluidité : le pouvoir de la douce et puissante féminité. « *Nous sommes "désignées", en tant que femmes, pour transformer notre monde. Dans la voie lakota, le féminin est la cause première. La femme est vue comme celle qui porte la plus haute loi : la loi des bonnes relations. Les femmes en général, et surtout les grands-mères à cheveux blancs, ont la charge de veiller à des relations justes et bonnes, que ce soient les relations entre les membres du clan, entre les tribus ou autres royaumes de la nature.* » Alors que les femmes ont été éduquées avec le « devoir » d'être des femmes sérieuses, devant s'occuper de la vie familiale, notre être profond appelle à se réaliser différemment et pleinement. Dans de nombreuses cultures indigènes, les enseignements du féminin mystérieux ont été perdus depuis plusieurs générations de femmes. Aujourd'hui, cette sagesse des femmes revient à notre conscience grâce à quelques aînées qui en restent porteuses, à notre quête intérieure et à la pratique de ces enseignements.

Une hypothèse confirmée par une des représentantes féminines les plus illustres du bouddhisme en Occident, Lama Tsultrim Allione, fondatrice et directrice spirituelle de Tara Mandala, un réseau international bouddhiste basé au Tara Mandala Retreat Center de Pagosa Springs, dans le Colorado : « *Vous pouvez aujourd'hui trouver ce féminin sacré dans les cercles de femmes qui parlent, avec leur cœur, de leur expérience. Pendant des siècles, elles ont été séparées les unes des autres, elles avaient très peur d'échanger entre elles à cause du modèle patriarcal. Dans le catholicisme, par exemple, vous avez les croyants, le prêtre et Dieu. Vous devez passer par un intermédiaire pour atteindre ce dernier. Dans le féminin sacré qui est en nous, vous n'en n'avez pas besoin, vous établissez une relation directe. Sofia, la déesse grecque qui représente pour les gnostiques la sagesse, est proche de la Prajnaparamita, la perfection de cette même qualité dans le bouddhisme. Leurs deux enseignements sont tournés vers l'intérieur de nous-mêmes, afin de nous aider à trouver notre nature véritable.* »

Les cinq *dakinis*

L'une des formes du féminin sacré, dans le bouddhisme, est représentée par les *dakinis*… Au Tibet, on les appelle « khandros », ce qui signifie « danseuses du ciel » ou « celles qui se déplacent dans l'espace ». C'est l'aspect féminin le plus important du bouddhisme tibétain. Il peut se manifester de différentes façons : sous la forme d'un être humain ou d'une divinité, comme on le voit dans les peintures tibétaines, représentée dans une attitude de danseuse, ornée d'ossements, entourée de flammes, avec des crocs, tirant la langue. Cette divinité contribue à « nettoyer » notre ego et a généralement tendance à apparaître lorsque nous sommes en période de transition. En mettant à mort notre aveuglement, elle devient une force de vérité.

À savoir

Elles sont au nombre de cinq : la *dakini* Bouddha (la sagesse transcendante), la *dakini* Vajra (la sagesse-miroir), la *dakini* Ratna (la sagesse de l'équanimité), la *dakini* Padma (la sagesse discernante), la *dakini* Karma (la sagesse tout-accomplissante).

Ces différents aspects bouddhiques de la féminité, s'ils sont dotés de qualités uniques, peuvent également véhiculer des blocages émotionnels et se mettre en travers du chemin de l'éveil. Mais ils nous permettent aussi de travailler sur nos souffrances. Pour Lama Tsultrim Allione, « *travailler avec les cinq* dakinis *(qui représentent donc le féminin sacré dans le bouddhisme tibétain) est très puissant pour transformer nos émotions en sagesse. Au lieu d'écarter nos démons comme l'anxiété, la peur ou la jalousie, et de s'en débarrasser, on les invite à apparaître, et quand on voit ce dont ils ont vraiment besoin, on les nourrit. Au lieu de fuir nos sentiments, il faut se tourner vers eux, les explorer, leur permettre de s'exprimer au lieu de se battre contre eux. Dans ce cadre, ces divinités sont des archétypes auxquels nous nous identifions et avec lesquels nous nous mettons en phase, pour accélérer notre transformation spirituelle afin d'accéder à notre vraie nature.* »

Elles ne sont pas les seules : les dieux et déesses de la mythologie représentent merveilleusement bien la multitude d'aspects d'un être et surtout ses oppositions, ses phases d'ombre et de lumière. Chaque archétype honore, à sa manière, sa part de féminin sacré et de masculin sacré ; ils représentent l'équilibre entre les énergies féminine et masculine. Travailler en ayant conscience de ces archétypes est riche d'apprentissages : j'ai le sentiment qu'ils représentent la vibration juste de leur personnalité et, par conséquent, de la nôtre. Il existe de nombreux archétypes que l'on pourra associer aux différentes facettes d'une personne. Nous nous sentons parfois plus proches de certains que d'autres, et cela évolue avec le temps… TOUS font partie de nous, d'une certaine manière, et nous pouvons, au moment opportun, faire appel aux qualités et dualités de ces archétypes pour nous guider.

Ces dieux et déesses sont comme des couleurs vibrantes dans lesquelles on aurait associé l'équilibre juste des pigments pour mettre en valeur leur lumière unique… Il existe un nuancier de couleurs infini, mais quel bel accompagnement que de pouvoir s'inspirer de ces accords parfaitement imparfaits, afin de trouver notre équilibre et de nous révéler ! Tout est métaphore, concept, écho de ce que nous sommes… Ces symboles, ces mots viennent déverrouiller des espaces dans l'inconscient.

Leur compréhension nous amène à faire des parallèles, à établir des connexions. Ainsi, nous en apprenons davantage sur nous-mêmes et sur les autres. Une fois que l'on intègre vraiment un concept, le simple fait de le nommer prend tout son sens. Et, comme toujours lorsque l'on comprend, la peur s'envole…

Une longue quête intérieure

Douceur, réceptivité, intériorité, empathie, amour inconditionnel et compassion… autant de qualités que l'on accole au féminin. Mais ajoutons au féminin sacré la force, la sororité et l'écoute de notre intuition. Depuis notre enfance, nous nous posons des questions sur notre manière d'honorer notre féminité en empruntant différentes routes, certaines plus originales que d'autres. Véritable parcours initiatique, cela nous encourage à découvrir différents aspects de cette féminité, qui peuvent nous déconcerter. Il s'agit de se retrouver face à soi-même : ses manques, ses zones d'ombre, ses blessures, sa noirceur mais aussi de formidables chemins à emprunter vers la lumière ! Disons-le d'emblée : si, comme son nom l'indique, ce féminin est « sacré », alors nous avons toutes en nous cette part, et il n'est nul besoin d'embrasser une religion. Cette quête passe par nos intentions et nos actions : accueillir avec bienveillance et célébrer notre nature féminine, s'accepter et s'aimer telle que l'on est. Il s'agit de reprendre notre propre pouvoir en révélant nos dons.

Même si les choses progressent, les femmes nourrissent, encore aujourd'hui, une forme de fragilité et un manque de confiance en elles-mêmes. Il faut dire que nous portons toutes de sacrées valises, individuellement et collectivement. Cette recherche intime et personnelle permet d'appréhender, dans toutes ses dimensions, notre nature sacrée de femme. Et de se recentrer sur l'essentiel car, trop longtemps, les femmes se sont oubliées.

Revenir à son féminin sacré permet ainsi de sortir des normes stéréotypées, mais aussi d'agir dans la société de manière active et concrète, en nourrissant nos rêves et notre essence. Tout se passe aussi à travers un regard bienveillant et positif sur le temps qui passe et le mouvement transformateur qui l'accompagne. Enfin, guérir notre équilibre intérieur en retrouvant notre essence profonde permet également de guérir notre lien à l'autre. Il ne s'agit donc pas seulement de magnifier cet aspect divin en nous, mais aussi d'apprendre, sur ce chemin d'apprentissage, à vivre les moments clés de notre vie de femme (de nos premières règles à la ménopause), à ritualiser notre quotidien mais aussi à partager, avec les autres femmes, une force et une solidarité.

Concrètement, renouer avec le féminin sacré revient non seulement à réintégrer les valeurs du féminin (intuition, coopération, vulnérabilité), mais aussi à vous réapproprier votre corps tout en développant une meilleure confiance en vous. C'est un « travail de tous les jours », à effectuer et honorer en conscience. Le féminin sacré permet de reconquérir un pouvoir ancré, de recontacter une puissance douce et fluide, notre force créatrice et libre, présente en chacune de nous. Ressentir son champ magnétique grâce à des méditations sur notre corps (et notre utérus !) permet d'accéder à l'immense richesse de notre monde émotionnel. C'est donc un véritable cheminement intérieur, spirituel, et une prise de conscience qui doit vous faire sentir vous redresser, comme une reine.

Développer pleinement notre potentiel

Il est important d'avoir à l'esprit que nous sommes cycliques et changeantes, avec une grande capacité de transformation.

À savoir

> **Nous suivons les saisons en synchronisant nos cycles intérieurs avec la nature. Car si les hommes suivent le rythme du Soleil, les femmes sont gouvernées par l'astre lunaire, qui évolue au rythme d'un cycle de vingt-huit jours.**

Nous avons toutes en nous ce potentiel qui ne demande qu'à se développer dans tous les domaines de notre existence. Mais nous portons toutes aussi, nous y reviendrons, de manière consciente ou pas, un héritage transgénérationnel où le féminin a été maltraité. Il peut se nicher dans des parties de nous dont nous n'avons pas encore connaissance et qui nous font peur… Nous sommes aujourd'hui invitées à nous en délester pour incarner notre nature sacrée et développer pleinement notre potentiel, avec authenticité et respect. Il s'agit aussi de se libérer de ses conditionnements. Cela nécessite de remettre en cause nos croyances (souvent limitantes), nos repères et nos schémas de pensée.

Dans le contexte politique et culturel sous tension que nous vivons, nous aspirons toutes à quelque chose de plus profond, à la fois plus intime et plus vaste. Trouver une voie pour nous connecter à la nature, mais aussi être à l'écoute et accueillir son influence sur nous. Vivre en harmonie avec ses cycles permet ainsi d'être plus à l'écoute de nos propres besoins. Accueillir cette sagesse ancestrale et la transposer dans nos vies quotidiennes nous aide définitivement à accéder à cette facette puissante, intuitive et omnisciente de notre être.

Accepter et apprécier notre aspect féminin (d'une manière spirituelle et sacrée) revient à valoriser le principe féminin, avec le principe masculin, comme des aspects égaux et essentiels, indispensables du divin. On retrouve dans les traditions orientales le symbole Yin Yang, qui est un rappel parfait de cette harmonie en nous. Il s'agit maintenant, et plus que jamais, de trouver cet équilibre en honorant le féminin en nous. Cette attitude de respect et de gratitude permet d'affirmer notre lien avec le divin, la déesse, la Terre, la société, et celui des uns avec les autres. Ce pouvoir féminin divin peut permettre de se sentir confiante. Pour ce voyage, il est bien évidemment question d'adopter une approche holistique en prenant soin de votre bien-être, d'embrasser avec bonheur la déesse intérieure que vous êtes afin d'atteindre tous vos objectifs physiques, émotionnels et spirituels. Le féminin sacré, c'est enflammer sa prêtresse guerrière pour un pouvoir personnel accru, rayonner, soigner et protéger la version la meilleure et la plus précieuse de vous-même.

Libérer la déesse intérieure

Mais comment nourrir un amour de soi profond et utiliser la mystique féminine pour exploiter les pouvoirs du magnétisme féminin ?

Une attitude à cultiver au quotidien

Concrètement, il est important de cultiver votre essence unique au début de chaque journée, en vous recentrant à travers une bonne posture, un alignement et une véritable connexion avec votre corps. Petit à petit, vous éveillerez et activerez la déesse Shakti, déesse guerrière, pour une guérison en profondeur. Il est essentiel d'identifier et de ressentir le flux d'énergie féminine dans votre corps, avec des techniques spécifiques, afin de vous assurer que cette énergie va aux bons endroits pour un nettoyage efficace et une guérison durable.

Écouter votre corps vous permettra de suivre des mouvements libres et fluides, car faire l'expérience du féminin sacré, c'est faire celle de la connexion profonde avec nous-mêmes et celle du mouvement, afin de mieux faire circuler l'énergie (avec plus de conscience et d'intensité) dans le corps. Il s'agit de vivre et de célébrer une liberté totale dans son esprit, son corps et son âme. La puissance du féminin sacré se retrouve du Soleil à la

Lune, en passant par les étoiles, dans les moindres atomes ou parcelles de ce qui nous entoure. Le féminin sacré est partout, à commencer par vous-même, jusqu'à la planète Terre qui nous protège. On le désigne comme « la Grande Déesse », incarnation féminine de la présence divine. On ne peut pas évacuer sa dimension de mystère.

On retrouvera ce féminin sacré à travers différents archétypes : la justicière, Athéna, la déesse-mère nourricière ou encore Isis, déesse de l'élévation et de la réussite. On retrouve également certains aspects de la Déesse dans la société contemporaine, et ce dans tous les domaines : l'avocate ou encore l'assistante sociale, par exemple. Car le féminin sacré habite chaque femme, depuis toujours. Les qualités qu'il incarne sont nombreuses : amour, compassion, sensualité, réconfort, beauté, sagesse, confiance. La femme est à la fois amante et mère, créatrice et destructrice, adolescente et sage ; elle ouvre le cœur et l'esprit. Laissons l'énergie de la Grande Déesse circuler en nous, car le féminin sacré appartient à notre nature.

CHAPITRE 2

L'HISTOIRE DU FÉMININ SACRÉ

Dès le début de l'humanité, on retrouve des divinités féminines dans les sociétés matriarcales mais, peu à peu, les déesses se sont effacées au profit de divinités plus masculines. S'incarner en tant que femme, c'est enregistrer l'histoire et l'évolution de la femme à travers les temps, avec toutes ses mémoires, bonnes ou mauvaises. Les différentes civilisations ont infusé, dans le corps des femmes, des lois, des idées ou encore des actes qui ont mis en place des schémas collectifs féminins. Courtes sont les époques où les femmes ont pu s'instruire, être reconnues comme les égales des hommes.

N'oublions pas que certaines périodes, comme celle de l'Inquisition (au XIIIe siècle), avaient notamment pour but de réduire à néant tout féminin sacré : les femmes dénoncées comme « sorcières » étaient, bien souvent, guérisseuses ou herboristes.

Ces périodes historiques difficiles ont codifié et entretenu des blessures sociétales profondément ancrées (et souvent perpétuées par nos conventions socioculturelles !). Elles ont pour résultat, aujourd'hui, le poids des conflits juridiques et sociaux, mais aussi les luttes de pouvoir et les ressentiments collectifs.

La femme devenue dangereuse et impure

Les premières traces de culte de déesses remontent au Paléolithique, il y a trois millions d'années. Toujours très représentées dans l'Antiquité (on figurait les hommes presque uniquement sous les traits d'amants ou de fils), les divinités féminines se sont peu à peu effacées.

L'aménagement des temples et des grottes, ornées de coquillages et de représentations des organes génitaux féminins, montre cette célébration des femmes dans leur capacité à enfanter. On retrouve aussi la présence de la couleur rouge, rappelant les menstruations, le sang de la naissance et la renaissance. Certains sites encore plus élaborés, en Anatolie, témoignent de cet engouement pour le culte du féminin et des déesses.

On y découvre aussi des éléments liés à la Terre-Mère : plantes, animaux, cours d'eaux… Le parallèle semble évident : les deux donnent la vie. Mais cet acte, qui était le plus valorisé, magnifié et célébré : donner la vie, a finalement fait peur aux hommes. La femme est alors devenue dangereuse et impure.

Des femmes souvent laissées à l'écart des textes

Dans l'univers biblique, l'épisode de la Chute résume à lui seul le rapport compliqué qu'entretiennent les religions avec les multiples facettes de la place des femmes. Si la première version du récit de la Genèse explique que « Dieu créa l'humanité à son image, mâle et femelle il les créa » (Gen 1, 27), cette version n'a pas été retenue par les Pères de l'Église. La femme est donc regardée comme le prolongement de l'homme, destinée à l'aider et à le soutenir.

Des femmes souvent placées à l'écart des écritures et des textes religieux, mais aussi de leur transmission. Si l'on trouve plus de femmes dans le Nouveau Testament que dans l'Ancien, où plus de 80 % des 3 500 personnages sont des hommes, c'est parce que l'on y assiste plus à des scènes de repas que de batailles… Les religions ayant été institutionnalisées par les hommes, on comprend mieux pourquoi elles font des femmes un objet de sentiments des plus contradictoires : les mêmes textes chantent leur douceur, leur virginité ou leur maternité, mais n'hésitent pas à les associer aux figures de la tentation, de la décadence, du mal. Le thème de « la femme insatiable » se retrouve dans différentes traditions et suscite toujours les mêmes angoisses.

Les religions patriarcales s'attachent également toutes à « traiter » l'objet du désir : les femmes sont jugées coupables, par leurs atours, leur démarche, leur parfum ou leurs propos, de provoquer le désir des hommes. La femme est le plus souvent considérée comme une « source d'ennuis ». Encore aujourd'hui, c'est pour cette raison, notamment dans les synagogues orthodoxes, que les hommes sont séparés des femmes, afin qu'ils n'entendent pas leurs voix, qui pourraient nuire à leur concentration.

À savoir

Dès les premiers temps du christianisme, la notion de pureté virginale, présentée aux femmes comme un idéal, est indissociable de ses opposés, le vice et la tentation. Presque immédiatement, il s'agit, en opposant Ève et Marie, de confronter deux modèles : celui de la première femme séduite par Satan et désobéissant à Dieu, et celui de la femme élue de Dieu, qui accepte avec foi son autorité.

La tension sexuelle des sociétés patriarcales s'articule autour de la question virginale et repose sur un désir paradoxal : exalter la pureté des femmes et, dans le même temps, désirer ces femmes qui sont le comble des ravissements. Une pression sociale que ne subit nullement la gent masculine – la sexualité active étant, pour les hommes, parfois très valorisée !

Est-ce parce que la jouissance sexuelle féminine a toujours été perçue comme potentiellement débordante et dangereuse ? Dans une société patriarcale, l'impératif de virginité a d'ailleurs systématiquement cette double marque : protéger des dangers extérieurs, certes, mais aussi contrôler les dangers « intérieurs » – comme le désir et la liberté des femmes.

Comment expliquer cette peur panique qu'elles semblent inspirer aux hommes, et ce, dans toutes les religions ? Par un désir féminin qui menace toujours d'échapper au contrôle masculin ?

Selon l'anthropologue des religions Michel Cazenave, « *elle fait partie de la structure masculine en tant que telle [...]. La jouissance féminine, qui est cent fois supérieure à celle de l'homme, le dépasse complètement [...]. Les hommes sentent bien que la jouissance féminine se situe du côté de l'infini, qu'il n'y a pas de clôture, pas de limites. Les femmes sont ouvertes à quelque chose qui est de l'ordre de l'extase divine. De ça, ils ont peur* ».

Sorcières et guérisseuses

L'une des incarnations du féminin sacré se retrouve dans les fameuses sorcières, dont on entend aujourd'hui tellement parler, et pourtant... C'est une histoire de femmes dont les pouvoirs ont longtemps dérangé. À l'évocation du mot « sorcière », notre imagination commence à frétiller. Craintes ou moquées, condamnées ou idéalisées, les sorcières hantent l'imaginaire collectif depuis la nuit des temps. Si l'on continue, petits et grands, à se délecter de ces histoires de fées qui peuplent nos contes, l'histoire de celles qui furent qualifiés de « sorcières » n'a pourtant rien d'un conte de fées ! Rien qui puisse prêter à sourire.

C'est l'histoire abominable de femmes qui furent envoyées par dizaines de milliers au bûcher… Autrefois traquées et brûlées, elles sont aujourd'hui des femmes de savoir, indépendantes et puissantes. Ce lien qui les unit, et la fascination qu'elles suscitent, traversent les siècles. Parce que la sorcière est une femme libre. Elle prend sa destinée en main, elle écoute son sixième sens, elle s'appuie sur les éléments, elle communique avec l'univers, elle assume sa sexualité, elle s'affirme et avance selon ses propres règles, ses propres principes. Si, longtemps, elle a été source de méfiance, si elle a été chassée, rejetée et éliminée, c'est parce qu'elle révoquait l'ordre établi et n'était pas du genre à s'y conformer. Les sorcières reviennent de loin. Selon l'essayiste Mona Chollet, auteure de *Sorcières. La puissance invaincue des femmes*, elles représentent les femmes qui se définissent sans les hommes, de manière assumée ou fortuite. Une vision dérangeante qui explique en partie des siècles de « chasse aux sorcières ». Au Moyen Âge puis à la Renaissance principalement, des milliers de femmes accusées de sorcellerie ont été tuées : un véritable féminicide.

Guérisseuses, prêtresses des traditions anciennes ou philosophes : toutes furent supprimées par l'Inquisition. Aujourd'hui, les discours féministes s'emparent de cette réalité, dénoncent un phénomène misogyne et s'appuient sur l'histoire de ce « crime féminin » pour rappeler que la place des femmes dans nos sociétés reste insuffisamment considérée. On parle de femmes à qui l'on rasait le crâne et toutes les parties du corps afin d'être sûr qu'elles ne dissimulent pas, dans un recoin caché de leur anatomie, un papier plié avec une formule, un quelconque maléfice qui les protégerait de la douleur. Si des hommes ont aussi été brûlés pour sorcellerie, la majorité des personnes concernées furent des femmes, comme le montre l'expression « chasse aux sorcières », l'une des rares de la langue française où le masculin ne l'emporte pas. Comme quoi…

Rudesse du climat ajoutée aux guerres et aux épidémies : voici le triste contexte de la persécution des sorcières. Dans le nord de l'Europe, les chasses se déclenchèrent souvent après les vagues de froid. Plus le contexte était défavorable, incompréhensible ou effrayant, plus on soupçonnait une femme d'avoir provoqué ces catastrophes en jetant un sort à la communauté. On imagine bien que les femmes qui avaient subi ces humiliations ou en étaient témoins ne pouvaient guérir d'un sentiment de terreur, souvent transmis de génération en génération. Qu'est-ce que la psyché d'une femme ? Quelle y est la place de la sorcière ?

Rappelons-nous que l'une des manières de savoir si une femme exerçait la sorcellerie était de la jeter à l'eau. Si elle flottait, c'est qu'elle était coupable : on la repêchait donc pour la brûler… et si elle se noyait, elle mourait innocente. Selon les démonologues, les sorcières pouvaient être détectées à leur légèreté anormale. Les châtiments étaient terribles : on leur broyait par exemple les genoux avant de les faire asseoir sur une chaise de fer chauffée à blanc.

Ces chasses ont laissé des traces dans la psyché des femmes, mais aussi historiquement et socialement : il suffit de voir le regard que l'on pose aujourd'hui sur les femmes seules ou les vieilles femmes. La femme a, pendant longtemps, été soupçonnée de cacher quelque chose, d'être faillible. Reprenons cette phrase terrible des inquisiteurs Kramer et Sprenger dans le *Malleus Maleficarum* : « *Femina* vient de *fe* et *minus*, car toujours elle a et garde moins la foi. » Cette erreur d'étymologie en dit long !

Cette empreinte occulte est liée à ces femmes accusées d'avoir pactisé avec le diable à cause d'une mauvaise récolte, ou à celles qui soignaient alors qu'elles n'en avaient pas le droit, comme les guérisseuses – la médecine étant réservée aux hommes. Leurs noms circulaient sous le manteau mais, depuis la nuit des temps, elles prennent soin des autres, de nous. Certaines utilisent des herbes, des plantes, d'autres manipulent les corps et soulagent les âmes. Si on les consulte, aujourd'hui plus que jamais, leur savoir-faire reste mystérieux. Si la volonté de ces femmes est, depuis toujours, de soulager la souffrance d'autrui, leur droit à exercer leurs talents a longtemps été bafoué. Faire des offrandes, balayer devant les temples ou les églises : voici ce à quoi elles étaient réduites.

À savoir

Dans le cadre de cultes secrets, on continua pourtant de rendre hommage à certaines initiées spirituelles – qui, elles-mêmes, pourraient être des descendantes de la lignée de Marie-Madeleine –, selon les rites d'Avallon : Aliénor d'Aquitaine, Charlotte de Savoie, Anne de Beaujeu, Diane de Poitiers, Anne de Bretagne ou encore Marguerite de Valois.

L'écoféminisme

Par essence, la femme est reliée à la Terre, considérée comme bienveillante et aimante. Les deux créent, mettent au monde et nourrissent. De nombreuses civilisations (notamment amérindiennes ou hawaïennes) considéraient la nature comme divine : les eaux, la mer, les plantes, les montagnes, les grottes... Dans cette connexion et cette initiation à la Terre-Mère nourricière, la femme tenait un rôle prépondérant : non seulement, elle connaissait tous les bénéfices de la nature (notamment des plantes), mais elle remplissait aussi à merveille son rôle de transmission en initiant sa descendance à ce lien naturel à l'énergie de la Terre, fondamental, progressivement détruit par les religions patriarcales.

Le délitement progressif de ce lien avec les éléments a créé, chez la femme, une de ses blessures les plus profondes. Pourtant, les études le prouvent : l'attachement aux cultes païens, chamaniques ou druidiques, permet à la femme de s'épanouir et de se réaliser à travers ce lien à la Terre. Par leur pouvoir commun de création, de gestation et nourricier, la femme et la Terre ont les mêmes énergies. Tout comme la Lune, la Terre est un archétype féminin essentiel.

Mettre au monde, c'est remettre un être à la Terre et donc, exercer un pouvoir sacré. Cet acte initiatique transforme la femme qui devient mère, et lui confère une véritable autonomie : votre relation à votre mère ou à vos enfants, par exemple, est une partie de votre relation à la Terre-Mère qui vous porte et vous protège.

Pourtant, depuis la nuit des temps les femmes cueillent, les hommes chassent. Et c'est là que l'on peut observer les fondements des sociétés matriarcales : des femmes qui, sous le signe de la bienveillance, développent art, médecine, culture ou lois, mais sans dominer l'autre sexe.

Selon Vandana Shiva, grande figure de l'écoféminisme, les femmes n'ont participé à aucun système de destruction : « *Les hommes allaient à la guerre, les femmes restaient pour s'occuper des enfants et des champs, et ainsi prenaient soin de la communauté. Le rôle des femmes dans la société, pour assurer sa cohésion en dépit des problèmes, a été déterminant. À travers ces valeurs, elles montrent une façon d'agir différente. Nous devrions tous prendre exemple sur elles en cultivant davantage cet aspect féminin.* »

Selon elle, les femmes sont justement les « gardiennes de semences », de la fertilité de la Terre. « *Grâce à la division des tâches, les femmes n'ont pas été destinées à détruire des vies, mais au contraire à les maintenir. Les hommes leur ont laissé le véritable travail que chaque être humain devrait être capable d'accomplir. Quand l'approvisionnement alimentaire est centré autour de la femme, il est forcément basé sur le partage et la compassion. Ce sont elles qui ont assuré la continuité des graines à travers les millénaires (malgré les guerres, les épidémies…) ; leur rôle est donc d'apprendre à tout le monde comment protéger et partager. Faire attention à la planète, faire attention à l'autre, c'est cela respecter la démocratie, la culture. Nous devons aller vers un monde où hommes et femmes partageront cette responsabilité de préserver la vie. Il est nécessaire de rétablir un équilibre entre les deux au sein de la société, pour la rendre plus harmonieuse. Gandhi, par exemple, quand il priait, demandait que soit renforcée la part féminine en lui, afin qu'il prête plus d'attention aux autres, qu'il montre plus de compassion. »*

CHAPITRE 3

LA GRANDE DÉESSE, LA TRADITION DES TREIZE MÈRES ORIGINELLES

LA FEMME SAUVAGE ET LA FEMME TAMBOUR

« Être divin féminin », « la Mère », « l'Amazone », « la Guérisseuse », « l'Amante », « la Reine »... Autant de noms que l'on donne à la « Grande Déesse ». Évoquer le féminin sacré, c'est évoquer des qualités divines innées des femmes à travers les âges. Ces moments où la puissance se manifeste de manière positive, associée non pas au contrôle ou à la suprématie, mais plutôt au potentiel et à la force liés aux pouvoirs terrestres du Soleil, de la Lune et de la nature. Depuis toujours, les exemples de suppression, volontaire ou non, de manière consciente ou inconsciente, des instincts féminins naturels se multiplient. On redécouvre aujourd'hui le panthéon extrêmement riche et passionnant des personnages et divinités mythologiques féminins. Les signes de l'archétype de la déesse sont de plus en plus visibles et multiples. On peut en juger par les pèlerinages dans les sites consacrés aux femmes, ou encore par le retour aux cérémonies anciennes, de plus en plus fréquentes et ouvertes au grand public, qui se démocratisent.

On retrouve le féminin sacré aux quatre coins du monde : les Indiens Hopis parlent de Ha Hai-i Wuhti, la mère qui nourrit tous les êtres, sensibles ou non, plaçant une femme au centre de toute création. Les hindous ont la grande Mère Durga qui symbolise à la fois la guerre et la paix. Guan Yin est la déesse chinoise traditionnelle de la compassion. En Afrique, les Orishas sont honorés à la fois comme des dieux et des déesses.

Il est essentiel, pour appréhender au mieux ce féminin sacré, de replonger dans la mythologie. Commençons par la « Grande Déesse », surnommée ainsi car c'est elle qui donne la vie.

La Grande Déesse

« Magna Mater », « Grande Madre », « Mother Goddess »... autant de noms pour célébrer ce culte de la déesse mère que l'on retrouve partout, dans toutes les cultures et civilisations. Elle ordonne le cycle de la vie et régit ainsi la structure de la société. Elle apparaît dans la mythologie grecque sous le nom de Gaïa, garante de la fertilité de la vie. Elle apporte aussi protection et abondance.

De manière générale, la spiritualité féminine délivrait les mystères du sacré et de la connaissance. Depuis des temps immémoriaux, les civilisations sollicitent l'aide des divinités et leur rendent grâce. Chacune s'est forgé son propre panthéon : déesses mères, de la fertilité, de l'amour ou encore de la compassion, dans les différentes mythologies. Il peut quelquefois s'agir d'avatars d'une même divinité.

À savoir

> **Il est passionnant de voir combien cette déesse mère a été représentée aux quatre coins du monde, de la France avec des gravures peintes en carmin dans différentes grottes (Chauvet en Ardèche, par exemple) jusqu'aux États-Unis. Toutes ces représentations montrent des femmes aux seins ronds et aux hanches larges, un corps divinisé car doté de la capacité à porter et donner la vie.**

On date l'apparition de cette déesse au début du Néolithique, sa disparition survenant à la fermeture des temples, cinq cents ans environ après J.-C. Elle est due à la sédentarisation et à l'avènement de nouvelles religions façonnés selon le modèle patriarcal.

Les Treize Mères

Dans le féminin sacré, il existe une tradition orale selon laquelle l'assimilation d'un enseignement spirituel nécessiterait treize cycles lunaires – une année entière, donc. On retrouve là aussi cette coutume de l'apprentissage suivant le rythme de la nature, des astres et des saisons. Cela signifie également qu'une femme trouve, au cours d'une année, treize fois l'opportunité de se rencontrer elle-même à travers ses cycles menstruels (tout comme la Lune devient pleine treize fois).

Ce chiffre représente une véritable force positive. On le retrouve d'ailleurs dans une puissante méthode pour honorer et intégrer la sagesse indienne des femmes dans notre vie quotidienne. Issue d'une tradition orale, cette voie initiatique amérindienne des Treize Mères permet d'assimiler les sagesses amérindiennes aux cycles lunaires. Chaque Mère originelle reflète un enseignement particulier et le diffuse aux femmes qui se relient à elle. Elle est liée à un cycle de la Lune et possède ses propres totems, talents et attributs, qui peuvent aider chaque femme à s'accomplir dans ses dons et talents personnels.

Cette coutume des Treize Mères des clans d'Amérique du Nord se transmet, à travers la narration de treize contes, dans les cercles de femmes. On retrouve dans chacun l'histoire d'une Mère originelle qui porte en elle et enseigne divers aspects du féminin. Ces histoires s'enchaînent dans un cycle constituant la roue de médecine. Cette roue renvoie à l'évolution, la transformation et la guérison de notre féminité profonde. Chacune des femmes qui composent le cercle est invitée à faire l'expérience d'un enseignement par mois, à travers ces contes qui nous relient à notre féminin tout entier : notre nature, nos cycles de vie, notre corps. Cette expérience est accompagnée à la fois de rituels et d'une « tiowé », une retraite amérindienne sous une hutte de sudation afin d'attirer les énergies de guérison. Une manière de se reconnecter au lien sacré avec la Terre-Mère, la nature : une véritable voie initiatique pour recontacter les trésors du principe féminin.

La femme sauvage

Fantasmée, décriée, rejetée, la femme sauvage archétypale – branchée sur l'intuition, l'instinct, la réceptivité – est sortie du placard depuis le succès planétaire du livre de Clarissa Pinkola Estés, *Femmes qui courent avec les loups*. Elle est à la fois le Graal et le fil rouge des différentes propositions de cette « parenthèse au féminin », celle que nous sommes toutes venues chercher ici pour qu'elle « ensauvage » notre quotidien policé et, ainsi, passer d'Ève à Lilith, l'affranchie. Or, voilà que nous apprenons qu'elle est « déjà là », lovée au creux de nous-mêmes. La puissance qu'elle incarne n'est pas un lointain Eldorado. Elle ne demande qu'à être révélée, enfouie qu'elle est dans une gangue de conditionnements, de convenances, de rôles à jouer, de blessures personnelles et transgénérationnelles. Tout l'enjeu est de faire danser les hémisphères contraires et complémentaires du féminin et du masculin – en soi et autour de soi, dans le couple, dans l'entreprise ou encore en société.

« *La Vie sauvage et la Femme sauvage sont toutes des espèces en danger. Au fil du temps, nous avons vu la nature instinctive féminine saccagée, repoussée, envahie de constructions. On l'a malmenée, au même titre que la faune, la flore et les terres sauvages. Cela fait des milliers d'années que, sitôt que nous avons le dos tourné, on la relègue aux terres les plus arides de la psyché. Au cours de l'histoire, les terres spirituelles de la Femme sauvage ont été pillées et brûlées, ses tanières détruites au bulldozer, ses cycles naturels forcés à suivre des rythmes contraires à la nature, pour le bon plaisir des autres* », explique Clarissa Pinkola Estés. Celle-ci décrit de façon métaphorique la force fondatrice de l'espèce féminine. « *Le mot sauvage n'est pas utilisé ici dans son sens moderne et péjoratif d'"échapper à tout contrôle", mais dans son sens originel de "vivre une vie naturelle"* », en accord avec ses rythmes biologiques et ses aspirations profondes.

Depuis sa parution, ce véritable succès mondial propose de « *faire recouvrer à la femme la beauté de ses formes psychiques naturelles* ». Le chemin pour y parvenir est longuement décrit à partir d'une analyse jungienne de quatorze récits de tradition orale (contes, mythes, légendes) qui renferment les secrets des « anciens mystères féminins » autour de cet « archétype de la femme sauvage » – laquelle est définie comme le « soi instinctuel », métaphorisé dans l'image de la louve.

La psychanalyste construit tout son ouvrage sur des analyses de contes et de mythes qui peuvent nous donner des pistes pour retrouver notre nature profonde, pour suivre les traces de notre instinct et nous aider à mieux nous comprendre. À travers des « fouilles psycho-archéologiques » des ruines de l'inconscient féminin, en faisant appel aux traditions et aux représentations les plus diverses, de la Vierge Marie à Vénus, de Barbe-Bleue à la petite marchande d'allumettes, elle démontre qu'il ne tient qu'à chacune d'entre nous de retrouver en elle la femme sauvage. Pour elle, la mémoire de toute femme détient une parenté « absolue, indiscutable et irrévocable avec la féminité sauvage ». Et même si nous sommes domestiquées, acculturées, notre relation primitive avec cette nature instinctive ne demande qu'à surgir. Nous éprouverions ainsi toutes le besoin, même sans le savoir, de nous reconnecter à l'énergie du féminin, de revivifier notre instinct, de « retrouver une terre dont [nous] gard[ons] la nostalgie sans vraiment l'avoir connue ». Des expériences fondatrices comme la maternité peuvent permettre aux femmes contemporaines d'avoir de nouveau accès aux dons et à la créativité que la culture et la société ont tendance à museler.

« *Chez certaines femmes, ce "goût du sauvage" vient lors de la grossesse ou bien pendant qu'elles s'occupent de leurs tout-petits, ou encore au cours de ce changement miraculeux qui intervient en elles lorsqu'elles élèvent un enfant, ou enfin quand elles entretiennent une relation amoureuse comme on entretient son jardin. La vision de spectacles d'une grande beauté nous permet d'approcher la Femme sauvage. Je l'ai sentie qui frémissait en moi devant un coucher de soleil magnifique. Je l'ai sentie en voyant, au crépuscule, des pêcheurs revenir du lac à la lumière de lanternes, en découvrant les orteils de mon nouveau-né, bien rangés comme les grains d'un épi de maïs doux. Nous pouvons la voir partout.* »

Si Clarissa Pinkola Estés compare souvent le comportement féminin à celui des loups, c'est qu'elle estime en effet que la femme contemporaine s'est séparée de sa version sauvage, de cette essence instinctive grâce à laquelle le loup sait très bien qui il est, se reconnaît et se sait fort, libre et précieux. En essayant constamment de nous ajuster à un modèle de femme artificielle, nous nous coupons de notre nature profonde, perdons notre énergie et notre force. Mais, une fois qu'une femme a retrouvé sa nature sauvage, il n'est en général plus question de la laisser s'en aller, car elle réalise que, coupée d'elle, elle s'est trop éloignée « de sa créativité, de l'œuvre de sa vie ou de ses amours vraies ».

« Nous bondissons dans la forêt, le désert ou la neige et nous courons, nous courons, nos yeux sondant le sol, l'oreille tendue. Nous cherchons partout, dessus, dessous, un signe, un indice, un vestige prouvant qu'elle vit encore, que nous n'avons pas laissé passer notre chance. Et quand nous découvrons sa trace, nous redoublons d'efforts pour nous rattraper, pour remettre tout au propre, nos amours comme notre esprit, pour tourner la page, rompre les ponts, enfreindre les règles, arrêter la planète. Car nous n'avons pas l'intention de continuer sans elle. »

Femmes qui courent avec les loups est vraiment un texte central dont la lecture apaise et guérit. Un texte qui donne encore plus envie de solidarité féminine, de sororité. Car s'engager dans la voie du féminin sauvage ne se fait jamais par hasard, c'est un appel, un écho qui prend naissance dans notre ventre. Pour s'ouvrir à ce ressenti, il existe différents chemins. Tous ont en commun de répondre à un mouvement qui part de l'intérieur pour aller vers l'extérieur, ceci afin de nous permettre de nous réapproprier notre puissance personnelle, cette part essentielle de nous-mêmes.

Écouter ses énergies

Mais concrètement, comment faire ? Le premier pas vers le féminin sauvage est de découvrir son rythme en se mettant à l'écoute de ses propres énergies. Que nous dit notre corps, à certains moments du mois ? En tant que femme, notre cycle menstruel est la base de ce rythme ; il fonctionne en quatre temps : règles, pré-ovulation, ovulation et phase prémenstruelle, chacun de ces moments constituant une vague énergétique différente. Nous savons toutes comment fonctionne notre cycle, mais avons-nous appris à l'écouter ? À exprimer ce que ces phases nous font ressentir ? Selon ces mouvements, nous serons dans l'action, la communication, le partage, ou bien dans l'intériorisation, l'introspection, le repos.

Le constat premier est que nous ne sommes pas des êtres linéaires, mais cycliques. Ne plus avoir ses lunes (les règles) n'empêche pas de s'ouvrir à cette voie car il est possible, grâce au cycle lunaire, de s'éveiller à un nouveau rythme. Il nous faut revenir à notre premier terreau, notre corps, et se mettre à son écoute active.

À partir de là, reconnectées à nous-mêmes, nous pouvons nous ouvrir vers plus grand que nous et lever les yeux vers la Lune. Ce corps céleste, ayant un impact sur toute vie sur Terre, a beaucoup à nous apprendre. En prenant conscience que nous lui sommes liées, nous découvrons que le cycle lunaire figure notre cycle intérieur.

À savoir

> **Le cycle lunaire fonctionne selon deux mouvements – un ascendant et un descendant – et quatre phases : premier quartier, pleine lune, dernier quartier et nouvelle lune, qui correspondent au cycle du vivant : naissance, croissance, décroissance et mort.**

Les énergies de la Lune nous impactent chaque mois lors des deux moments particuliers que sont la nouvelle lune et la pleine lune. Ceux-ci nous apprennent à ralentir quand cela devient nécessaire et à agir au meilleur moment.

Le retour au féminin sauvage passe aussi par nos retrouvailles avec la Terre-Mère et sa sagesse, qui nous ouvre les bras. La meilleure façon de s'y relier est de vivre au rythme des saisons, de les intérioriser, de s'éveiller à l'air du printemps, de vibrer au feu de l'été, de s'épancher à l'eau de l'automne et de poser son corps sur la terre de l'hiver. C'est utiliser tous ses sens pour ressentir pleinement le vivant, marcher nu-pieds dans l'herbe, contempler l'écorce des arbres, sentir les parfums du vent, goûter les fruits de nos cueillettes, écouter le chant des oiseaux.

Un des actes essentiels d'éveil à sa nature sauvage est de faire entrer le rite dans sa vie, et la connexion aux saisons peut être un premier pas dans cette direction. À chacun des portails que sont les équinoxes et les solstices, nous avons l'occasion de mettre en place un rituel. Cet espace physique et temporel est l'incarnation dans la matière de nos intentions, notre gratitude, nos demandes, nos guérisons, nos célébrations. Le rite redonne du sens ; il se réalise seule ou se partage, c'est un espace de créativité. Nos intentions prenant ainsi corps, elles en deviennent palpables, donc présentes et ainsi puissantes.

Petit à petit, cette quête d'un soi plus authentique va nous amener à créer un espace intime où nous laisserons s'épanouir notre intuition. Apprenons à l'écouter et continuons de la développer, notons nos impressions, nos rêves, faisons confiance à cette petite voix intérieure qui est celle de notre femme sauvage. Et quel meilleur moment, pour se reconnecter à notre féminin sauvage, qu'un soir de pleine lune ?

La femme tambour

C'est lors des cérémonies de pleine lune que l'on peut rencontrer avec bonheur la « femme tambour » et surtout ce qu'elle révèle de notre féminité, par la puissance spirituelle des percussions et de leur rythme. La perception de notre être tout entier change (corps et esprit), le temps n'existe plus ; nous sommes reliées à une énergie universelle qui nous dépasse, qui relie toutes ces « sœurs de cérémonie ». On peut d'ailleurs comparer ce mouvement lié aux percussions à celui de la méditation, qui mobilise le mental : nous échappons à nos ruminations, à notre bavardage mental pour prendre du recul et estomper les schémas qui nous conditionnent.

Se libérer de ses entraves

Dans son livre *Femme tambour*, Layne Redmond explique que « *l'énergie que l'on ressent en jouant seul se démultiplie dans un groupe de percussionnistes. Elle génère ce sentiment fusionnel de solidarité que McNeill a baptisé le "muscular bonding". Jouer ensemble permet aux femmes de se reconnecter à leurs rythmes propres et, collectivement, d'avoir une vision plus saine de leur potentiel, de se libérer de leurs entraves culturelles inconscientes* ».

De manière plus concrète, le fait d'entendre un son régulier et sans à-coups permet au cerveau de se dégager de ses pensées, car il n'a alors plus rien à quoi se raccrocher. Comme dans une enveloppe sonore matricielle, il se repose pour être plus attentif aux choses inconscientes. Pour l'écothérapeuthe Marianne Grasseli Meier, qui « mène » de nombreuses cérémonies, « *c'est comme dans la matrice, où l'on entendait ce son régulier qui signifiait le maintien de la vie. Dès qu'un son continu nous entoure, cela nous met dans un état régressif et sécurisant pour plonger dans l'inconscient et l'inconnu. Mais aussi s'ouvrir à notre intuition, en lâchant notre petit ego pour se relier à plus grand* ». Selon Marianne, il s'agit aussi de se réapproprier son corps, sa nature vivante, cyclique. Un corps qui n'est plus rejeté, plus sale ni impur, qui retrouve sa noblesse. « *Nous portions toutes les malédictions du monde, car nous donnons la vie. Et à double titre : par la matrice et par le son, ce qui a longtemps fait peur aux hommes !* »

Le parcours de cette femme hors du commun, à l'abondante chevelure blanche, est aussi révélateur de sa passion pour le tambour aujourd'hui : « *Je suis née dans un milieu musical par mon père, mais avec une mère absente. J'ai donc dû créer cette lignée de femmes. Les cassures de vies se sont enchaînées, je suis tombée dans la dépression après mon deuxième divorce. Je n'avais plus rien, plus de repères, la seule chose qui me restait c'était "être une femme".* » Elle décide de partir à la racine de ce questionnement : qu'est-ce que cela signifie que d'être pleinement une femme ? « *C'est être une*

Femme debout, je ne supporte pas la soumission. J'ai envie de bousculer les femmes pour qu'elles soient fières d'elles, qu'elles deviennent les partenaires des hommes. » Tout en mettant en garde : « *Il faut laisser à l'homme sa force virile, ne pas l'infantiliser ni tomber dans une autre forme d'excès.* »

La femme tambour est donc une chamane qui agit avec l'esprit guérisseur du tambour. Elle utilise sa voix et le son de cet instrument pour faire résonner ses pouvoirs de guérison dans l'Univers. Elle se connecte aux forces telluriques de la Terre-Mère. Son tambour est sacré : elle l'a confectionné elle-même, ou il a été préparé spécialement pour elle.

À savoir

> **On retrouve les représentations de ces tambours jusqu'à 400 ans après J.-C. Tous les tambours étaient joués par les déesses elles-mêmes (ou par les prêtresses de ces divinités) ! Ils étaient peints, pour beaucoup, couleur sang, réinterprétant ainsi le premier son qu'un fœtus entend dans le ventre de sa mère, symbolisant la puissance créatrice conférée à celle qui a un utérus.**

Le tambour (à main ou sur cadre) fait donc partie des plus vieux et plus puissants instruments d'évolution individuelle et de lien communautaire. C'est son battement rythmique qui ordonne la base des premiers rituels religieux, et surtout ceux des femmes. Les percussions constituent une part importante de leur mission spirituelle, jusqu'à la chute de l'Empire romain. Cet instrument rituel a longtemps retenti, des grottes de l'ancienne Europe jusqu'aux cultes à mystères romains. L'Occident, en bannissant les percussions féminines de la vie religieuse, a dépouillé la femme de son pouvoir dans le même temps.

Dans un âge d'or où la compassion, l'accueil, le don et la guérison étaient les valeurs suprêmes, cette femme médecine se promenait dans la nature avec son tambour et en faisait bénéficier arbres, animaux et humains à travers de nombreux rituels. Déesse du lotus, Reine du ciel, Idole dorée, Mère des dieux, Grande Protectrice, la Grande Déesse : toutes avaient cet instrument de pouvoir, symbole du rythme primordial qui préside à toute vie. Le temps de nos ancêtres battait au rythme des percussions : les femmes imprégnaient le sacré comme le profane. N'oublions pas que, dans les premières civilisations, du pourtour méditerranéen jusqu'en Asie mineure, le rôle de la femme était d'harmoniser la communauté, rythmant les cycles de fertilité de la nature. Ces femmes, qui étaient les gardiennes de la vie sociale, étaient aussi celles du rythme, comme l'explique si justement la psychothérapeute et animatrice de cercles de femmes Camille Sfez : « *Elles scandaient les premiers battements d'une humanité encore consciente de son interconnexion avec le vivant, le tambour comme caisse de résonance entre les cœurs, marquant sans doute aussi, depuis la marche de l'homme, le bruit régulier de ses pas. Elles connaissaient les rythmes qui favorisent la germination du grain et le travail des femmes en couches. Elles utilisaient les percussions dans leurs pratiques sacrées, pour appeler la guidance et la protection d'une divinité au corps féminin, Vénus callipyge aux mille représentations.* »

Une déesse qui n'avait donc pas pour seule attribution la fertilité mais aussi la mort, la renaissance, l'abondance de la nourriture et l'alternance des cycles. « *Celle aux multiples noms, d'Astarté à Ishtar, Isis ou Cybèle, n'était pas la version féminine d'un dieu monothéiste, mais bien la première ancêtre, celle qui, par la suite, engendrera tous les dieux. Une Déesse immanente, présente dans chaque pierre, chaque brin d'herbe, chaque goutte de pluie, si proche de ceux qui l'appelaient…* »

Le rythme, force structurante de la vie

Nous avons toutes plusieurs femmes chamanes en nous, tout comme plusieurs femmes déesses. Pourquoi ces pratiques rythmées par le son du tambour ? Parce qu'elles nous mettent en contact avec les différents archétypes de la déesse : en modifiant notre état de conscience, elles font remonter du fond de notre âme, des ténèbres de l'inconscient, des comportements dysfonctionnels que nous pourrons ainsi modifier.

Si la musique rythmique est essentielle dans les rituels consacrés aux déesses, notamment au moment de la préhistoire, ce n'est pas un hasard : le rythme représente la force structurante de la vie. Selon William H. McNeill, « *la capacité à bouger et donner de la voix (en rythme), avec le renforcement des liens émotionnels que ce type de comportement implique, a été un préalable essentiel à l'émergence de l'humanité* », comme le prouvent les traces de tambour retrouvées sur un sanctuaire d'Anatolie dès le sixième millénaire avant notre ère.

Ce n'est d'ailleurs pas un hasard si on raconte que, dans le monde méditerranéen, ce sont les déesses qui transmettent aux humains le don de la musique : Inanna à Sumer, Hathor en Égypte, et les muses appelées aussi « Déesse aux neuf visages » en Grèce. C'est bien dans le féminin sacré que l'inspiration musicale, et artistique plus globalement, prend sa source. Pour nos ancêtres, la prêtresse au tambour sert de lien, d'intermédiaire entre les mondes divin et humain. « *En entrant en syntonie avec les rythmes sacrés, elle absorbe l'énergie divine, la transforme et la transmet à la communauté* », toujours selon Layne Redmond. Elle perpétue ainsi la renaissance des cycles de la nature et stimule la fécondité humaine (raison, d'ailleurs, pour laquelle nos ancêtres l'associaient surtout à l'énergie sexuelle féminine). J'ai découvert que cela allait même jusqu'aux rituels de menstruation ou d'accouchement, la base rythmique du tambour provoquant des contractions utérines qui facilitent l'expulsion du flux menstruel ou du nouveau-né.

Autre fonction non négligeable : le tambour est aussi utilisé pour célébrer les rites de passage. Comme nous l'avons vu, son rythme permet d'entrer dans un état de conscience modifié. Et, lors des rituels liés à la mort et à la renaissance, l'instrument signale qu'il faut laisser derrière soi un ancien type de comportement pour évoluer vers une nouvelle vie, un nouveau statut. Ce qui n'est pas sans rappeler les grands mythes où de nombreuses divinités, comme Osiris ou Dionysos, sont ramenées des mondes souterrains à une nouvelle vie grâce au tambour sur cadre et à sa puissance. Que ce soit dans les premiers écrits sumériens, en Égypte, dans la vallée de l'Indus, à Chypre, en Crète, en Grèce ou à Rome, les femmes célèbrent l'énergie de la vie éternellement rythmique.

Je me suis posé la question de savoir pourquoi ce son m'« emportait » autant. La raison en est simple : ces percussions font écho au pouls humain. Comme l'explique Layne Redmond, « *la pulsation du sang de notre mère est notre première expérience continue dans l'utérus. Nous grandissons au rythme de son corps. C'est cette sensation archaïque que la prêtresse reproduit avec son tambour sur cadre. En le frappant, elle perpétue ce processus de création et tisse le cordon rythmique qui va relier l'individu à sa communauté, à son environnement et au cosmos* ».

PARTIE 2

RÉINVESTIR SA FÉMINITÉ

Notre puissance (qui évoque à la fois la fermeté et la douceur) réside dans la guérison et le dépassement de nos propres blessures. Une faille peut nous faire flancher car, si elle est porteuse de souffrance, elle devient notre propre piège. Nous avons toutes une forme de talon d'Achille, relié à un corps de souffrance. Nous pouvons redevenir reines lorsque nous nous reconnaissons nous-mêmes pleinement « corps et âme ». C'est ici qu'intervient un terme très à la mode : celui de résilience... Pour y arriver, deux ingrédients se révèlent indispensables : l'amour et le pardon. Il est nécessaire de se libérer des rancœurs du passé, des malentendus, des échecs ou des peines qui n'ont pas été pansées. Le fait de pardonner (même si ce n'est pas toujours facile...) permet de surmonter le passé pour construire l'avenir.

CHAPITRE 4

DES BLESSURES À GUÉRIR

Vous ne pourrez bien évidemment pas guérir sans aller à la rencontre de vos parts d'ombres, cicatrices et failles. Il s'agit de comprendre les racines et les mémoires (notamment celles de vos ancêtres) qui vous emprisonnent.

Des blessures individuelles et collectives

Il faut considérer l'ensemble de votre être et « alchimiser » ces énergies pour panser ce féminin blessé : il est temps de transformer ces blessures en lumière, en un métal précieux. Il convient pour cela d'accepter d'avancer sur un chemin qui peut se révéler chaotique, d'entamer un travail profond, à la fois physique et psychique, pour nous libérer de ce qu'on appelle notre « corps de souffrance ». Celui-ci se constitue dès la conception (ou les premiers jours de la vie) et se met en place dans les toutes premières années de la petite enfance, à travers trois couches : l'individuel, le familial et le collectif. En effet, nous venons au monde avec lui, et certaines naissances sont plus difficiles que d'autres (accouchement ou contexte familial compliqué…) : autant de blessures avec lesquelles il nous faudra grandir. Elles se rappelleront à nous en se ravivant tout au long de notre vie, même de manière inconsciente.

D'autres blessures se transmettent de génération en génération. Il suffit d'observer les schémas répétitifs dans les lignées de femmes autour de vous : fausses couches, violences conjugales, perte d'enfants... Nous sommes toutes porteuses d'un héritage familial composé des expériences de notre lignée. Cela existe depuis la nuit des temps mais il faut l'envisager comme un potentiel de développement, car le but est de dépasser ces blessures « héréditaires » pour arrêter de les transmettre.

Visualisation de la petite fille intérieure

1. Installez-vous confortablement et allumez une bougie pour ouvrir votre espace de méditation.
2. Exprimez clairement votre intention : aller à la rencontre de votre petite fille intérieure.
3. Prenez dans votre main une photo de vous petite et invitez cette petite fille à se joindre à vous. Imaginez-la près de vous, ressentez son énergie.
4. Demandez-lui comment elle a grandi, si elle a dû suivre des injonctions, des modèles...

5 Exprimez-lui ce que vous souhaitez lui dire et accueillez-la avec tout votre amour.

6. Remerciez-la et prenez le temps d'observer vos sensations.
7. Avec discernement, observez ces injonctions reçues et détachez-vous-en. Elles ne vous appartiennent pas !
8. Éteignez la bougie, fermez doucement et en conscience votre espace.

En plus de ce corps de souffrance individuel et familial, chaque femme est confrontée au corps de souffrance collectif. Ce dernier est constitué par les lignées des femmes de la famille, mais pas seulement : également par celles d'autres femmes de la même appartenance culturelle. Il s'agit d'une forme de mémoire collective en lien avec des facteurs culturels du groupe auquel la femme appartient. Nous serons toutes, sur notre chemin, confrontées un jour ou l'autre à cette mémoire collective. Notre but ultime est d'accéder à notre féminin pacifié. Comme âmes incarnées dans un corps féminin, nous portons en nous plusieurs mémoires de la femme blessée : abandon, rejet, abus, enfermement voire torture… Sûrement, comme nous l'avons vu, en mémoire du péché originel.

Ces blessures au plus profond de nous ont un impact sur les différents aspects de notre existence : familial, professionnel, social… Guérir notre féminin blessé peut prendre du temps ; ce peut être le chemin de toute une vie. Mais cela vaut le coup, car seule cette voie de guérison et d'amour mène à la reconquête de notre puissance féminine. Pour cela, il faut nous libérer des conditionnements qui s'installent souvent lors de notre enfance et de notre adolescence, alors que nous ancrons nos racines, créons nos bases et notre stabilité. Ces blessures qui nous déconnectent de nos pouvoirs féminins nous détournent de notre intuition, de notre vérité et de notre magie. Souvenons-nous que, tout comme la planète Terre, la nature humaine et féminine est cyclique. En tant qu'êtres féminins, nous incarnons les énergies caractéristiques de nos polarités. Ces cycles étaient respectés dans les traditions anciennes. On vénérait ces deux pôles : le masculin et le féminin, l'ombre et la lumière, la vie et la mort, la fête et le repos… Mais aujourd'hui, cette harmonie est rompue : les deux énergies (masculine et féminine) tout comme notre essence cyclique, l'alternance et le temps ne sont plus respectés ; les phases de travail ne sont plus suivies de phases de régénération.

Comme nous l'avons vu, les hommes ont commencé à redouter le savoir des femmes, à ne plus les écouter, à les nier tout comme leurs connaissances, qu'elles soient médicales, spirituelles ou sexuelles. En abolissant les rites de passage, on les a instrumentalisées : leur corps est devenu un objet sexuel destiné à assouvir le plaisir masculin (que les temples des prêtresses soient devenus par la suite des maisons closes, cela en dit long !).

Les blessures sont nombreuses : les relations entre les femmes elles-mêmes, mais pas seulement ; les attentes à leur égard, la relation à leur propre corps… Leur relation avec la nature et le savoir des plantes ont également été bafoués, la pratique de la médecine naturelle dénoncée… Comme toujours, la peur de l'autre et de l'inconnu s'est insinuée dans la société, en travers de la voie tracée par ces femmes stigmatisées.

On a souvent dit que le dieu unique et tout-puissant a maltraité, humilié voire détruit le côté féminin de la déesse… En forme d'écho, le savoir intellectuel s'est imposé face aux connaissances plus intuitives, relevant de nos émotions. D'une certaine manière, la domination masculine a contribué à entraîner la destruction des liens féminins avec, parfois, l'instauration d'un climat de compétition et de jalousie dans des communautés autrefois ultra-resserrées, où régnaient entraide et soutien à travers le mode de vie. On éduquait et on cultivait ensemble, on prenait soin des femmes qui avaient leurs règles ainsi que des aînées. Et surtout, la transmission, de génération en génération, était essentielle…

La guérison de la blessure maternelle

Explorer nos premières influences familiales, en l'occurrence celle de notre mère, permet de commencer un véritable travail de guérison. Notre relation avec notre mère constitue l'espace où nous avons pu découvrir notre corps, notre sexualité, où nous avons développé notre propre discours intérieur, appris à gérer les conflits et construit des croyances sur notre valeur dans le monde et dans les relations amoureuses. Qu'est-ce que la blessure maternelle et comment se manifeste-t-elle dans nos vies ? Comment en guérir ?

Cette blessure est notamment déterminante dans les addictions où nous pouvons tomber. La dépendance nous oblige par exemple à essayer de changer ou de réparer les gens comme moyen de prouver notre valeur dans le monde. La codépendance est un comportement acquis qui peut être transmis d'une génération à l'autre. C'est une condition émotionnelle et comportementale affectant la capacité d'une personne à entretenir une relation saine. Ce terme suscite un certain nombre de résistances : beaucoup de gens n'emploient pas ce mot de « codépendance » parce qu'il suscite de l'inconfort.

Mais attention : la codépendance n'est pas ce que vous êtes, il ne s'agit pas de s'identifier à elle ; c'est la façon dont vous vous comportez. Et même lorsqu'elle est dysfonctionnelle ou autodestructrice, cette forme de dépendance est enracinée dans un besoin très réel de se sentir désiré, aimé et valorisé. Si nous pouvons atteindre nos besoins fondamentaux non satisfaits, nous avons une chance de nous reconnecter avec nos modèles relationnels et de tracer une voie plus saine en amour. Beaucoup d'entre nous qui se trouvent dans une dynamique de codépendance ont des antécédents de négligence, voire d'abandon, dans l'enfance, de dépendance familiale ou d'abus. Lorsque nous n'étions pas autorisées à prendre de la place ou à exprimer des sentiments auprès d'un adulte instable, nous nous sommes connectées à des croyances comme celles énoncées ci-dessous.

- Je suis responsable de la façon dont les autres se comportent, réagissent et se sentent.
- Si quelqu'un est contrarié ou en colère, c'est ma faute.
- Laisser les autres avoir leur propre expérience est risqué pour moi, je dois donc les sauvegarder/réparer (contrôler).
- La douleur des autres est mon problème.
- Mes sentiments ne sont pas aussi importants que ceux des autres.
- Mes besoins passent au second plan dans la relation.
- J'ai besoin de changer pour me plier aux désirs de mon/ma partenaire.

- Je dois m'assurer que tout le monde va bien, même au détriment de ma propre santé mentale, de mes limites et de ma sécurité.
- Si quelqu'un me traite mal, c'est parce que j'ai fait quelque chose de mal. Je dois faire plus d'efforts pour gagner son approbation.
- Je ne fais pas confiance à mes sentiments ou à mes instincts, je donne donc mon pouvoir.

La codépendance est enracinée dans la trahison et l'abandon de soi. C'est la poursuite sans fin pour la validation et l'acceptation *via* une source externe. Nous pouvons nous retrouver au bord de l'épuisement, éprouver du ressentiment, de l'amertume, avec le sentiment d'être seules et sans soutien.

Des répercussions sur nos relations amoureuses...

Les amoureux de l'amour sont attirés par les personnes susceptibles de devenir dépendantes d'eux d'une manière ou d'une autre, que ce soit financièrement, émotionnellement ou autrement. Il n'y a malheureusement pas de place pour une relation saine et réciproque dans cette dynamique.

La guérison commence lorsque nous nous consacrons toute l'énergie que nous avons autrefois versée aux autres. Pour rompre avec ce cycle, nous devons nous familiariser avec nos propres croyances négatives sur l'amour et notre estime de soi, et faire un effort pour construire une nouvelle relation à soi. Nous brisons le cycle lorsque nous cessons d'assumer la responsabilité des comportements, des dépendances ou des réactions des autres et commençons à répandre de l'amour sur les parties de nous-mêmes que nous pensions être brisées. L'amour authentique ne se fait jamais au détriment de nos limites ou de notre respect.

Notre travail intérieur lors de la guérison de la codépendance

- Fixez des limites et respectez-les.
- Prenez les violations des limites au sérieux et protégez votre énergie.
- Pratiquez l'auto-soin.
- Ne donnez que lorsque vous vous sentez vraiment inspirée pour le faire.
- Apprenez à ne pas prendre les choses personnellement.
- N'oubliez pas de ralentir et de vous mettre à l'écoute de vos propres sensations, pensées et sentiments corporels.
- Passez du temps seule, à méditer, à tenir un journal.
- Demandez de l'aide et arrêtez d'essayer de tout faire toute seule.
- Faites confiance à votre instinct.

La Crone

Ces blessures liées à la destruction des liens féminins se retrouvent dans une figure essentielle à rétablir : celle que l'on appelle la « Crone ». Une déesse que l'on croise dans de nombreuses civilisations, chez les Celtes, les Amérindiens mais aussi les Scandinaves, les Indiens ou encore les Grecs. On l'a longtemps représentée en vieille femme laide. Et pourtant, dans les coutumes païennes, elle faisait partie à part entière de la déesse : celle qui, en arrivant à la dernière phase de sa vie, pouvait enfin, après la ménopause, accéder à la pleine sagesse (et être du coup, aussi, dans son plein pouvoir).

À savoir

Il faut savoir que la majorité des grandes déesses sont des triples divinités : elles possèdent les trois facettes de femme à savoir la jeune fille (ou la jeune vierge), la mère et la Crone.

La vieillesse n'était alors pas du tout vécue dans la crainte ; les femmes n'avaient pas peur de « passer » ce cap mais se réjouissaient, bien au contraire, de remplir une fonction différente dans le village pour guider la communauté avec sagesse, communiquer leurs connaissances et leur expérience. Elles étaient aussi connues pour transmettre les messages des ancêtres, et les habitants le leur rendaient bien : hautement valorisées, elles étaient parmi les plus respectées de la société !

Certaines déesses sont uniquement en lien avec la Crone comme Baba Yaga, Hécate ou encore Kali. Ce passage « déclinant » est aussi associé, dans la tradition celte, à la lune décroissante (juste avant la nouvelle lune, donc), à l'automne et à l'hiver pour ce qui est des saisons, ainsi qu'au cycle de la mort. Cette phase a longtemps fait peur mais n'oublions pas que sans noirceur, il n'y a pas de lumière, et sans mort, pas de vie…

Mais cela laisse des traces dans la société : aujourd'hui encore, les femmes font tout pour lutter contre le vieillissement, comme le montre par exemple le succès de la chirurgie esthétique. Il s'agit pourtant d'accueillir la ménopause avec bonheur, comme une puissante étape de notre évolution, bienvenue. De même, si nous considérons la mort comme une étape de la vie, arriver à ce stade permet non seulement de continuer d'approfondir notre connaissance mais aussi de la transmettre. S'il y a des blessures que l'on peut nous infliger (sexuelles ou autres), il existe d'autres petits (ou grands) « maux » qui laissent aussi des traces : fatigue chronique, burn out, dérèglements hormonaux… bien des maladies touchent notre féminité. Je pense aussi, bien évidemment, à l'endométriose.

Quelques pistes pour soigner ses blessures

De quoi notre corps de souffrance se nourrit-il ?

Cela peut sembler paradoxal, mais notre corps de souffrance réclame toujours plus de souffrance. Celle qui prend sa source dans le passé est réveillée et alimentée par le présent et, bien souvent, par des émotions peu plaisantes : négativité, dévalorisation, conflit, tristesse. On peut l'imaginer comme une entité lourde et négative qui nous accompagne et coexiste avec notre individualité propre et qui parasite nos réactions... Il nous appartient donc de la mettre à distance, comme on le ferait avec une personne toxique qui nous envahit.

Comment guérir notre corps de souffrance ? Révolte, plainte... on ne sait pas vraiment comment s'en défaire. Il suffit pourtant, pour ne plus le subir, de le reconnaître. C'est ici que trois belles qualités féminines interviennent pour nous aider : le courage, la patience et le discernement. Pas facile de briser les secrets de famille, dont les plus douloureux (abus, inceste...) : cela passe par un changement intérieur et un véritable apprentissage !

Des étapes indispensables sur notre chemin

- Voyez la vérité en face en prenant du recul, en contextualisant l'histoire et les différents acteurs.
- Prenez conscience de vos comportements destructeurs et négatifs pour pouvoir ensuite les dissoudre. Observez par exemple quelles circonstances déclenchent une réaction disproportionnée. En braquant la lumière sur ce corps de souffrance, vous éviterez qu'il ne prenne le contrôle sur vos pensées. C'est une véritable forme de rééducation mentale et émotionnelle.
- Apprenez à ne plus vous identifier à ce corps de souffrance. Désinvestissez l'énergie de négativité liée au passé pour mettre en place la

positivité liée au présent. Attention, donc, au ressentiment, qui a le pouvoir de vous empêcher d'être dans le présent.
- Pardonnez, non par générosité mais pour vous libérer de vos ressentiments et de tout ce qui vous rattache au passé. C'est ce qui vous permettra de gagner en résilience et de guérir votre blessure. Pardonner permet de cesser d'alimenter le corps de souffrance.

Nous l'avons vu, notre corps de souffrance, qui existe depuis les débuts de l'humanité, peut se déconstruire par un changement d'attitude en amour et conscience. Ne nous focalisons donc plus sur le mal que nous avons subi, mais plutôt sur la manière de le défaire.

Cela peut même aller plus loin en fluidifiant le véritable corps de gloire de la femme (voir encadré ci-dessous), en le nettoyant des malentendus, des ressentiments et de la toxicité dans tous les domaines. Mais il faut, pour ce faire, vouloir changer, et surtout s'accorder le droit de faire ce qu'il faut pour changer.

À savoir

Le corps de gloire de la femme représente l'aboutissement et le dépassement de notre plein potentiel. C'est l'inverse de notre corps de souffrance, puisqu'il contient l'ensemble des batailles et des triomphes de la femme à travers les âges.

La blessure de la petite fille intérieure

Lorsque nous sommes submergées par les émotions, il est important de rentrer dans notre corps. Quand nous avons une blessure d'abandon, nous pouvons percevoir des bouleversements mineurs comme une menace plus importante, et lutter pour rester ancrées lors d'un conflit. Même si la menace n'est pas réelle, ces moments peuvent être terrifiants. Nous pouvons avoir l'impression que nous avons besoin de quelqu'un pour nous sauver. La blessure de la petite fille intérieure est votre

« petit vous » : innocent, vulnérable et irrationnel, il ne sait pas toujours comment exprimer ses sentiments.

En tant qu'adulte, c'est maintenant votre travail de vous en occuper et d'apprendre à vous apaiser dans les moments d'émotion, de stress ou de peur. Les schémas se brisent lorsque nous regardons la situation avec une perspective nouvelle et que nous changeons non seulement notre comportement, mais aussi notre dialogue intérieur. Tant que nous pensons que le problème est en dehors de nous, un schéma similaire émergera encore et encore. Notre responsabilité (et notre opportunité) dans cette dynamique est d'apprendre à garder de l'espace en nous-mêmes, y compris lorsque nous sommes en proie à des émotions difficiles. L'auto-apaisement consiste alors à apprendre à calmer notre système nerveux et à être présente pour nous-même lorsque nous avons peur.

Accueillir et guérir la petite fille intérieure

Enveloppez-vous dans une couverture et posez vos mains sur votre cœur et votre ventre. Si vous les ressentez, accueillez la douleur et la peur de l'abandon qui montent en vous. Parlez à votre petite fille intérieure et faites-lui savoir qu'elle est en sécurité et aimée. Vous pouvez pleurer le manque de soutien émotionnel que vous avez ressenti pendant votre enfance et commencer ainsi à reconstruire une relation avec votre « petite fille », en tant que femme adulte mûre qui peut maintenant faire quelque chose de différent. De cette façon, vous commencez à prendre soin de vos propres besoins émotionnels et à créer de l'espace. Vous vous sentirez plus calme et plus libre.

Ainsi, vous maternez votre enfant intérieur : vous nourrissez cette personne à l'intérieur de vous qui a besoin d'attention, qui veut se sentir en sécurité, entendue et aimée. Nous pouvons trouver des personnes pour remplir cet espace temporairement pour nous, mais en fin de compte, il n'y a rien de plus apaisant que d'apprendre que nous pouvons garder de l'espace en et pour nous-mêmes.

Travail sur la petite fille intérieure et pratique d'auto-apaisement

- Lorsque vous vous sentez touchée par une émotion forte, prenez quelques respirations profondes et fermez les yeux. Placez vos mains sur votre cœur.
- Visualisez votre petite fille intérieure et dites-lui qu'elle est en sécurité. Rappelez-vous que les émotions (même fortes) sont acceptables et que vous pouvez les ressentir en toute sécurité.
- Vous pouvez déplacer une partie de l'énergie en pleurant. Lorsqu'elle commence à changer, entrez dans un espace plus méditatif, les yeux fermés, les mains toujours sur votre cœur et votre centre racine. Permettez à tout ce qui se présente d'exister, et restez avec vous-même.
- Observez simplement toutes les pensées ou émotions au fur et à mesure qu'elles surviennent, puis laissez-les partir. (Astuce supplémentaire : vous pouvez visualiser vos pensées/émotions flottant hors de votre corps, à travers le haut de votre tête.)
- Continuez à respirer et rappelez-vous qu'il s'agit d'une expression saine de votre émotion, même si elle semble désordonnée et chaotique.

En adoptant cette pratique, vous apprenez à assumer la responsabilité de votre énergie et vous vous entraînez à vous apaiser dans les moments de stress.

Prendre soin de soi

Avancer sur le chemin de la guérison passe avant tout par le fait de prendre soin de soi. Il existe à ce sujet, bien souvent, un malentendu : l'amour de soi ne signifie pas que l'on soit égoïste ou « ego centré », loin de là. Il ne s'agit pas non plus de complaisance, mais d'un retour à sa véritable nature. Nous

nous sommes souvent éloignées de nous-mêmes. Ce changement de regard est indispensable pour une réconciliation profonde avec notre être. À chaque instant, nous pouvons créer cette relation bienveillante et attentive à nos besoins. Ce doux travail sur l'estime de soi s'articule autour de trois composantes : s'apprécier, s'accepter et s'aimer. En effectuant les bons choix, ceux qui conviennent à nos besoins, nous nous faisons du bien, guérissons et favorisons l'acceptation, déterminante pour notre confiance en nous.

Nous devons tout d'abord, pour cela, nous débarrasser des fausses croyances et des habitudes ancrées en nous, sans jugement relatif au bien ou au mal. Attention : il ne s'agit pas de résignation, mais d'accueillir tout ce qui arrive, que ce soit positif ou négatif. (Les personnes qui se résignent oublient, bien souvent, qu'elles ont le pouvoir de créer leur vie !) Nous pouvons, avec un regard rempli d'amour et bienveillant, nous accorder aux évènements, instaurer de nouvelles habitudes et apprivoiser nos peurs pour permettre à notre potentiel de se déployer pleinement. Certes, ce n'est pas toujours facile, car cela passe par le lâcher-prise, l'ancrage dans le présent, ne plus se laisser emporter par nos pensées négatives. Nous avons donc le choix entre deux options : soit nous adapter, soit souffrir de ce qui nous est imposé.

Accueillir l'instant

L'instant présent est essentiel dans cette démarche, car il permet de poser des actions pour guérir. Par exemple, porter son attention sur une blessure en particulier amènera une plus grande conscience, un apaisement, et calmera nos angoisses personnelles.

C'est en alignant notre cœur, notre corps et notre esprit que nous pourrons, à travers cet instant présent, cultiver la sérénité et la stabilité. Pour nous y aider, n'oublions pas de nous reconnecter à nos sens, d'écouter notre corps, de nous ouvrir à la beauté, à la nature et aux autres.

Quelques clés pour cultiver l'instant présent

- Faire un examen de son rapport au temps pour prendre conscience de sa manière de vivre et chercher à évoluer.
- Essayer de ne plus penser au passé ni au futur pour sortir de la souffrance.
- Appuyer sur la touche « pause », faire le vide dans son esprit, ne serait-ce que quelques minutes par jour. Pour cela, trouvez un endroit calme et suspendez quelques secondes votre respiration, puis expirez lentement et profondément. Répétez l'exercice plusieurs fois en imaginant évacuer, en même temps, les émotions négatives. Imaginez-vous projeter de la lumière, comme peuvent nous l'apprendre des techniques bouddhistes de visualisation, sur des évènements traumatisants, afin de dépasser votre colère, votre tristesse ou votre ressentiment.

À savoir

Comment lâcher prise ? Épictète, dans les premières lignes de son *Manuel*, écrit : *« Les choses qui dépendent de nous sont par nature libres, sans empêchement, sans entrave. Les choses qui ne dépendent pas de nous sont dans un état d'impuissance, de servitude, d'empêchement, et nous sont étrangères. Souviens-toi donc que, si tu crois que les choses qui sont par nature dans un état de servitude sont libres et que les choses qui te sont étrangères sont à toi, tu te heurteras à des obstacles dans ton action, tu seras dans la tristesse et l'inquiétude, et tu feras des reproches aux dieux et aux hommes. Si, au contraire, tu penses que seul ce qui est à toi est à toi, que ce qui t'est étranger – comme c'est le cas – t'est étranger, personne ne pourra plus exercer de contrainte sur toi, personne ne pourra te forcer, tu ne feras plus une seule chose contre ta volonté, personne ne pourra te nuire, tu n'auras plus d'ennemi, car tu ne subiras plus de dommage qui pourrait te nuire. »*

Se recentrer grâce à nos sens

Pour faire taire votre mental, rien de mieux que de revenir à vos sens afin de vous reconnecter à votre intériorité.

Placez-vous debout, les pieds écartés de la largeur de votre bassin, en vous ancrant correctement. Sentez la voûte plantaire au contact du sol.

Dans cette posture d'accueil de vos perceptions, citez cinq éléments que vous voyez, que vous entendez, que vous sentez, touchez et goûtez.

Développer de la compassion envers soi-même

L'auto-compassion est importante, car elle nous aide à mieux mobiliser notre énergie en vue du changement. Cet état d'esprit amplifie clairement les bienfaits en termes de bien-être, au-delà du fait de contribuer à développer une forme d'indulgence envers soi-même.

Guérir de nos maux passe par les mots. En tant que femmes, nous sommes souvent « dures », intransigeantes envers nous-mêmes, notamment en cas d'échec. Réfléchissons à ce que nous nous « disons » lors de ces moments délicats. Accepter nos fragilités, nos vulnérabilités est la première étape pour prendre soin de nous et aller de l'avant.

La seconde étape passe par le pardon vis-à-vis de nous-mêmes : nous devons nous donner le droit d'avoir été imparfaites. Car il n'y a pas de secret : plus on accepte cette part « sombre » de soi-même, plus on développe celle que l'on aime. Il n'y a tout simplement pas de pardon sans réconciliation avec soi pour retrouver le goût de la vie, cette force de vie.

Connaître nos valeurs, nos envies, nos besoins permet aussi d'accéder à notre nature authentique.

Pratiquer la compassion dans la vie quotidienne

Selon le moine bouddhiste tibétain Matthieu Ricard, nous avons tous un potentiel altruiste en nous. Les dernières connaissances en neuroplasticité du cerveau ont montré comment l'activité neuronale se réorganise quand on développe l'attention ou la compassion. Mais l'amour et la compassion se cultivent aussi, et voici ce que nous recommande Matthieu dans son *Plaidoyer pour l'altruisme* : « *Il est plus facile de commencer à nous entraîner en pensant à quelqu'un qui nous est cher. Imaginons un jeune enfant qui s'approche de nous et nous regarde, joyeux, confiant et plein d'innocence... Nous le contemplons avec tendresse et le prenons dans nos bras [...] Demeurons quelques instants dans la pleine conscience de cet amour, sans autre forme de pensée. Étendons ensuite ces pensées bienveillantes à ceux que nous connaissons moins [...]. Allons plus loin, incluons dans cette bienveillance ceux qui nous ont fait du tort et ceux qui nuisent à l'humanité en général [...]. Portons sur eux le regard d'un médecin sur ses patients les plus gravement atteints. Enfin, embrassons la totalité des êtres sensibles dans un sentiment d'amour illimité [...]. Nous pouvons, à tout moment, souhaiter intérieurement à ceux que nous croisons dans la vie quotidienne d'être heureux et libérés de toute souffrance. Ainsi, graduellement, l'amour altruiste, la compassion... seront pleinement intégrés à notre manière d'être.* »

Exercice autour de l'Ho'oponopono

On entend de plus en plus parler de ce rituel issu de la tradition hawaïenne. Il date pourtant de plusieurs décennies. On le résume en quatre points.

- **Je suis désolée** (vous reconnaissez là la situation que vous êtes en train de traverser).
- **Pardonne-moi** (qui peut aussi se dire « je me pardonne » : cela permet de libérer les émotions négatives).
- **Merci** (éprouvez de la gratitude pour les enseignements que vous recevez par rapport à cette situation, le nettoyage, la guérison et la mise en lumière que cela permet).
- **Je t'aime** (envoyez de l'amour à cette situation pour vous en libérer).

Ces quatre phrases peuvent s'orienter sur votre histoire par rapport à votre corps, notamment les expériences de vies douloureuses voire traumatiques.

Savoir accueillir ses émotions

Elles jouent un rôle déterminant dans notre vie : ce sont nos signaux d'alarme qu'il s'agit d'accueillir, de comprendre et d'apprivoiser. Chaque émotion a une fonction, une information à nous transmettre, notamment dans notre vie quotidienne. Pas toujours évident dans une société où règne l'« hypercontrôle », mais plus on les réprime, plus elles prennent le pouvoir sur nous et exercent un contrôle négatif sur nos vies (c'est mécanique !). Accepter ses émotions, pour ensuite pouvoir y réagir et les utiliser de manière positive, nous permet d'en faire de puissantes alliées pour piloter notre vie. Il faudrait donc ne pas se laisser dominer par elles mais les considérer comme une source d'énergie, un moyen de connaissance de soi. Elles agissent en effet comme des mécanismes d'apprentissage : on atteint un point d'équilibre quand on est capable d'être attentif à ce que l'on ressent, afin de canaliser nos émotions pour qu'elles soient profitables.

Sur ce chemin de la guérison, prenons garde aux attitudes dites suppressives, où l'on « décide » de ne plus y penser et d'« oublier ». C'est inefficace et risqué, car même si l'émotion semble avoir disparu de notre conscience, elle continue de nous hanter, pouvant même aller jusqu'à provoquer des problèmes physiques (plusieurs études montrent que la répression des émotions, en épuisant le système nerveux, puise dans le système immunitaire).

Mais que faire lorsque la machine s'emballe ? En cas de trop forte émotivité ou de blocage ?

- **En parler :** partager ses émotions est thérapeutique. Plus nous évoquons nos peurs, nos chagrins ou encore nos hontes, plus vite nous les intégrons dans nos vies psychiques.
- **Trouver des outils d'auto-apaisement :** corriger l'excès par soi-même, notamment par le retour au corps, que ce soit par

la méditation, un travail sur la respiration ou une activité artistique.

- **Concentrer son esprit sur son souffle :** cela permet de lâcher prise, de déconnecter le mental afin d'envisager les choses de manière plus juste et mesurée. Le souffle est une technique psychocorporelle efficace qui assure le lien entre notre conscient et notre inconscient.
- **Apprendre à exprimer ses émotions dans le calme** (au fur et à mesure de leur apparition) : cela permet de libérer de manière plus juste les tensions émotionnelles. La colère, par exemple, nous aide à faire part de notre point de vue si on partage celui-ci avant qu'elle ne nous aveugle.
- **Être à l'écoute de son corps :** nous l'avons vu, les émotions se manifestent par des modifications physiques. Si nous nous coupons de nos sensations, nous ne parvenons pas à les repérer rapidement, ce qui nous empêche de les « traiter » en conséquence : les exprimer immédiatement ou les apaiser, tout d'abord.

Cultiver l'optimisme

Inspirons-nous de ce rituel massaï : lorsqu'une mauvaise nouvelle arrive, on décide d'encadrer cette information négative par deux positives. Une manière de rétablir un équilibre, de changer notre perception de la situation et de rester sur une bonne vibration !

Quelques clés pour trouver la joie

- **Se concentrer sur le présent.** Si nous regardons un beau paysage en pensant à autre chose, la joie ne pourra survenir, alors que si nous en profitons avec tous nos sens, nous pouvons accueillir chaque journée comme un cadeau.
- **Lâcher prise.** Face à une épreuve contre laquelle on ne peut rien faire, mieux vaut lâcher prise et se laisser ouvrir à la joie du consentement.

- **Éliminer le discours négatif.** Nous ruminons trop de pensées sombres. Il faut les éviter, elles sont inutiles !
- **Créer.** Cultiver sa créativité permet d'être en lien avec notre être profond et de transcender notre ego.
- **Persévérer.** Dans tous les domaines, aller au bout de l'effort permet de trouver la joie.

Écouter son intuition

Depuis toujours, notre société cartésienne semble réprimer l'intuition en nous enjoignant de nous méfier de nos sensations, émotions, affects. Pourtant, cette boussole intérieure nous guide souvent vers le meilleur, et nous ferions bien de l'écouter plus souvent !

Dès l'enfance, on nous demande de croire plutôt en notre jugement, en construisant notre monde sur la supériorité de la raison. Toute l'éducation met l'accent sur l'esprit d'analyse, de comparaison… Le cerveau intuitif, bien plus complexe que notre cerveau rationnel car global, intègre les informations, les sensations du passé, du présent et, à travers elles, du futur. Si l'on accepte de se laisser guider, un univers entier peut s'offrir à nous et nous en apprendre sur nous-mêmes, ce que nous sommes, ce que nous voulons, ce qui vaut la peine d'être vécu… Choisir intuitivement, c'est utiliser toutes les informations que notre inconscient emmagasine !

Il suffit pour cela d'écouter la dimension énergétique toujours présente autour de nous, par exemple lorsqu'on rencontre quelqu'un ; de ne pas laisser le mental nous couper de cette intuition, d'essayer de développer cette capacité à ressentir l'énergie qui se dégage des personnes, des lieux et des événements. Nous sommes souvent guidées par quelque chose qui éveille en nous un sentiment de certitude que nous ne savons pas justifier.

Quelques clés pour cultiver son intuition

- **Mettre la pensée consciente en veilleuse.** En apprendre le plus possible sur un sujet, laisser décanter, laisser l'inconscient faire le travail et attendre le résultat : la meilleure solution finira par s'imposer.
- **Écouter ce vieux dicton pourtant très sage :** « *La nuit porte conseil.* » Si vous avez une décision importante à prendre, notez avant de vous coucher toutes vos réflexions la concernant puis prenez la décision avec laquelle vous vous sentez le plus à l'aise le lendemain matin, après la nuit.
- **Faire le silence en soi et éveiller sa conscience** permet d'affiner ses perceptions. Prêtez attention aux signes et aux symboles dans votre environnement : par quoi votre attention est-elle attirée ?
- **Ne pas oublier de nourrir son inconscient**, utiliser ses sens en laissant libre cours à sa fantaisie et à sa création.
- Si vous pensez subitement à une personne, **envoyez-lui un e-mail ou appelez-la.**
- **Tenez un journal** dans lequel vous consignerez vos intuitions : vos premières impressions face à une situation, les premières réponses qui vous traversent l'esprit lorsque vous vous interrogez. Notez également ce qui se produit lorsque vous les suivez.

À savoir

Selon Platon, dans *Phèdre*, l'âme ressemble : *« à une force à laquelle concourent par nature un attelage et son cocher, l'un et l'autre soutenus par des ailes. Or donc, dans le cas des dieux, les chevaux aussi bien que les cochers sont, eux-mêmes, tous bons comme ils sont faits de bons éléments, tandis que, dans le cas des autres êtres, il y a du mélange : premièrement, chez nous, l'autorité appartient à un cocher qui mène deux chevaux attelés ensemble ; secondement, en l'un d'eux il a un beau et bon cheval, dont la composition est de même sorte, tandis qu'en l'autre il a une bête dont les parties composantes sont contraires à celles du précédent, comme est contraire sa nature. Dans ces conditions, c'est nécessairement, par rapport à nous, une tâche difficile, une tâche peu plaisante que de faire le cocher ! »*

À l'écoute de soi-même

Tournez votre regard vers votre espace intérieur. Vous pouvez le faire à n'importe quel moment ; respirez et demandez-vous : « *Qu'est-ce que mon intuition essaie de me dire, maintenant ?* » Écoutez votre cœur comme si vous écoutiez un ami qui vous est cher. Quelles idées vous viennent à l'esprit ? Quels flashs ? Quelles impulsions créatives ? Quelles sensations ? Sachez que les sentiments intuitifs s'expriment de façons différentes d'un jour à l'autre : vous pouvez les entendre, les sentir, les voir ou tout simplement avoir le sentiment que vous savez quel est le bon chemin à prendre. **N'oubliez pas que plus vous donnez d'importance à votre intuition, plus elle aura à vous offrir et meilleure sera votre vie, dans tous les domaines.**

S'ouvrir à la gratitude

S'ouvrir à la délicatesse du cœur, c'est aussi être en connexion avec les « cinq anges gardiens de la douceur » : reconnaissance, empathie, émerveillement, amour et gratitude. Exprimer sa reconnaissance à l'autre permet de se connecter à nos émotions positives, de développer notre estime personnelle et de forger des liens sociaux forts. Cela est prouvé scientifiquement.

La gratitude fait partie des principales émotions qui donnent du sens à la vie et qui nous connectent avec notre environnement. Réjouissez-vous pour chaque chose que vous faites, pour ce que vous recevez des autres et pour tout ce qui vous entoure.

Méditation pour la gratitude

Cette méditation est proposée par l'Institut HeartMath, l'un des plus importants instituts de recherche sur le cœur et ses effets sur notre vie :

- Fermez les yeux et détendez-vous.
- Dégagez votre attention de l'esprit, portez-la sur la région de votre cœur. Si cela vous aide à vous concentrer, posez la main sur votre poitrine.

- Visualisez votre souffle qui entre et sort par la région du cœur, respirez très lentement et profondément.
- Maintenant, concentrez-vous afin d'engendrer un sentiment sincère d'affection pour quelqu'un que vous appréciez pleinement, ou de contentement pour un élément positif de votre vie. Essayez vraiment de ressentir cette appréciation – pas seulement d'y penser – et de maintenir sincèrement ces sentiments, aussi longtemps que possible.

Écrire une lettre de gratitude

Selon le psychologue Martin Seligman, pour écrire une lettre de gratitude, vous devez d'abord choisir une personne importante dans votre vie, qui vous a apporté quelque chose de très positif et que vous n'avez jamais vraiment pris la peine de remercier.

Écrivez-lui une lettre élogieuse d'environ une page. Prenez le temps de bien formuler votre gratitude.

Il est important d'exprimer ensuite de vive voix votre gratitude et d'éviter de le faire par téléphone ou par courriel. Prenez donc un rendez-vous, sans en donner la raison. Emportez un exemplaire de votre lettre que vous offrirez à la personne. Asseyez-vous confortablement, lisez-lui la lettre lentement et à voix haute, tout en gardant un contact visuel. Donnez-lui le temps de réagir, puis remémorez-vous quelques évènements qui ont fait que cette personne est devenue si importante pour vous.

Quelques clés pour cultiver la gratitude

- Pour éprouver le sens de la gratitude, il faut tout d'abord agir avec humilité en apprenant à connaître nos propres limites, admettre nos défauts, savoir profiter des choses simples en ayant toujours l'esprit ouvert.
- Valorisez vos proches, soyez attentive, écoutez, enrichissez-vous de toute connaissance.
- Réjouissez-vous pour chaque chose que vous faites, pour ce que vous recevez des autres et de tout ce qui vous entoure.

- Prenez 15 minutes par jour pour ressentir de la gratitude en prenant deux grandes inspirations. Évoquez un moment de gratitude vécu dans le passé, laissez l'émotion que vous ressentez se répandre dans le thorax, entretenez cette émotion par la visualisation et la respiration.
- Vous pouvez également tenir un journal : commencez la journée en écrivant au moins cinq choses pour lesquelles vous êtes reconnaissante.
- Écrivez une lettre à quelqu'un qui appartient à votre passé et que vous souhaitez remercier pour quelque chose.

Se recentrer avec la méditation

Quoi de mieux que la méditation pour panser ses blessures ? C'est à une aventure existentielle, une expérience de transformation intérieure que cette pratique nous convie. De façon concrète, on réagit de manière plus intelligente et adaptée, moins impulsive. La méditation permet de travailler le muscle attentionnel et de cultiver notre capacité de discernement. On va ouvrir des espaces d'entraînement psychologique, comme on ouvre des espaces d'entraînement physique en faisant du sport. De même, pour préserver nos capacités d'apaisement et de discernement – et malgré un environnement de plus en plus trépidant, survolté, énervé, anxiogène, où ce que nous faisons se perd souvent dans la multiplicité des informations –, nous devons garder une forme d'auto-discipline et continuer cette pratique au quotidien.

La méditation permet de trouver en soi un refuge. Elle s'articule autour de la respiration, qui est bien évidemment centrale. On sait comment fonctionne notre attention : elle a besoin de se poser sur une cible, et le fera d'autant plus facilement et longuement si c'est une cible mouvante. C'est pour cette raison que l'on atteint des états quasi méditatifs devant un feu de bois, l'océan, des nuages, derrière la vitre d'un train avec le paysage qui défile : l'attention est captée par une cible qui bouge avec douceur et lenteur, ce qui procure un état d'apaisement. C'est ce que l'on recherche en se concentrant sur la respiration, qui est notre cible mouvante ambulante et correspond au besoin d'apaisement émotionnel. Il s'agit d'un ancrage, d'un état d'être, pas seulement du corps : je me recentre physiquement, intellectuellement, émotionnellement afin d'être disponible pour moi et pour les autres.

Une meilleure conscience de l'instant présent

Nous pouvons, avant chacune de nos actions, décider ce que nous avons l'intention de faire. Par exemple, avant un rendez-vous important, vous pouvez passer quelques minutes à évoquer la manière dont vous souhaitez que cela se passe : c'est une manière d'accroître la conscience du moment ! En augmentant notre présence à nous-mêmes, en nous ouvrant en même temps au monde et aux personnes qui nous entourent, nous élargissons notre regard et nos perceptions.

Et notre bassin...

Il est enfin primordial de nous reconnecter à une part essentielle de notre corps : notre bassin, pour retrouver notre nature profonde de femme, libérée du regard de la société, pleinement consciente, mais aussi connectée à notre part plus animale. Le yoga, notamment kundalini, peut se révéler être un allié puissant. Il stimule certaines glandes, notamment les surrénales, la thyroïde et l'hypophyse, ainsi que les ovaires.

Méditation et rituels quotidiens pour plus de bien-être

Prenez un temps de respiration et de méditation pour vous écouter et plonger à l'intérieur de vous. Laissez monter vos émotions et, pourquoi pas, les larmes. Ne vous jugez pas, prenez le temps.

Prenez ensuite conscience de vos non-dits, de vos refoulements, de vos besoins mais aussi des limites que vous devez poser. C'est un bon

moment pour écrire (à travers notamment l'exercice de l'écriture spontanée, où votre main glisse sur le papier sans réfléchir, les mots que vous posez venant naturellement).
Vous pouvez également mettre en place des rituels quotidiens à travers des visualisations positives, lâcher prise et laisser filer les pensées négatives. Nourrissez votre esprit de beau et choisissez, en confiance, de ne pas vous entourer de noirceur, de ne pas nourrir des pensées ou des projections négatives. Autorisez-vous des plages de plaisir et de bien-être. Ne culpabilisez pas.
Vous serez guérie lorsque vous vous sentirez en paix : sans attentes, vous n'êtes plus prisonnière du regard d'autrui ni de votre propre jugement. Vous pouvez ainsi vous accorder en toute légèreté avec votre polarité masculine.

CHAPITRE 5

PUISER DANS LES ARCHÉTYPES DU FÉMININ SACRÉ

Nous avons la chance, pour nous aider à avancer sur la voie du féminin sacré et guérir nos blessures, de rencontrer des archétypes du féminin qui jalonnent ce chemin d'apprentissage et de connaissance de nous-mêmes.

Les archétypes

Le terme « archétype » appartient à la psychologie analytique que l'on doit au psychiatre Carl Gustav Jung. Pour lui, les archétypes représentent « *la valise, la mémoire, notre inconscient collectif, l'héritage sans frontières dans nos âmes immortelles* ». Il s'agit d'un modèle emblématique qui vient de l'inconscient collectif représenté sous une forme symbolique, un mythe universel qui nous touche toutes et que l'on retrouve dans toutes les civilisations (cultures et religions), dans toutes les époques à travers les siècles. Si son aspect peut changer, les messages et l'initiation confiés par les héros et les héroïnes subsistent. Il n'est pas toujours évident de les appréhender, mais connaître les archétypes, c'est cheminer au quotidien vers l'harmonie et la paix intérieure, tout en utilisant des clés pour avancer vers notre connaissance intime, mais aussi des savoirs universels.

On peut dire qu'il s'agit d'un schéma collectif universel nourri par les comportements humains. Au-delà des pensées et des idées, il s'installe dans cet inconscient collectif (et particulièrement celui du groupe socioculturel auquel nous appartenons). Il impacte donc nos comportements de civilisation en civilisation.

Nous l'avons vu, nous possédons plusieurs facettes et nous jouons (souvent inconsciemment) des rôles qui nous emmènent dans des schémas de répétition. C'est une forme de généalogie universelle, avec souvent des impressions de « déjà-vu ». On peut considérer que chaque pensée, désir, rêve se mélange à ceux de celles qui nous ont précédées. Les scénarios peuvent être différents au fil de votre vie : vous pouvez être à la fois la jeune fille, la mère, la magicienne, l'amante… (certains archétypes sont fantasmagoriques, d'autres ont une dimension plus humaine). Ces différentes facettes s'activent en nous toutes et nous permettent d'identifier plus facilement nos forces et nos faiblesses, les obstacles contre lesquels nous devons lutter.

Les blessures archétypales

Accompagnant les archétypes, ces blessures se perpétuent à travers les siècles et deviennent de véritables schémas collectifs inconscients. Elles provoquent des émotions, des actions et des comportements qui laissent une empreinte sur les descendants de ces groupes ayant souffert. Les dernières études de l'épigénétique montrent d'ailleurs combien une blessure marquante, vécue par une génération, continue de se transmettre aux suivantes. On peut toutefois transformer ces blessures une fois qu'on les a reconnues et acceptées.

Les déesses

Pour nous y aider, nombreuses sont les figures féminines qui sollicitent et ancrent notre imaginaire : femmes de la Bible, déesses de la mythologie, mystiques, héroïnes historiques ou de contes… En concentrant les ressources de notre féminin, en nous délivrant des leçons sur les différentes facettes plus ou moins conscientes de notre être, les déesses ont toujours constitué une source d'inspiration à travers les siècles. Les invoquer permet d'actualiser, de ramener à la conscience et de nous approprier des potentiels et des dons.

Dans toutes les périodes de l'histoire, le divin s'est exprimé à travers des femmes. Ces maîtres spirituels féminins ont éclairé la conscience de l'humanité. Que l'on pense à Isis, Hathor, Tara, Marie, Guan Yin ou encore à la Femme Bison blanc : chacune représente une facette de la spiritualité de notre humanité et constitue une référence pour chacune d'entre nous. Sources de connaissance, elles nous aident à avancer sur notre chemin, sur la Terre, elle-même créatrice et nourricière.

Commençons par Isis, qui nous montre combien le masculin a besoin du féminin pour revenir à la vie et se transformer – l'inverse est vrai aussi.

Isis

« ***La magie et la vie*** »

Cette déesse égyptienne est l'épouse d'Osiris et la mère d'Horus. Elle est l'incarnation de la fidélité et du dévouement amoureux. Cette reine mythique, déesse funéraire antique, est réputée pour être une grande magicienne, à la fois dans la vie quotidienne des Égyptiens et dans le royaume de l'au-delà. Elle est donc très puissante et couvre de nombreux domaines, de la guérison à la magie.

Elle épousa son frère Osiris, assassiné par leur frère jaloux Seth qui découpa le cadavre en quatorze morceaux. Elle ne retrouva que treize des morceaux de son époux. (N'oublions pas que, dans le féminin sacré, le chiffre treize a son importance, puisqu'il correspond au nombre de lunes du cycle menstruel !)

Isis ramena son époux à la vie (qui devint le dieu des morts) et donna naissance à un fils, Horus, qui symbolise la réparation de notre enfant intérieur (notons que ses yeux représentent, chacun, le Soleil et la Lune). Ce travail initiatique nous fait passer de l'ombre à la lumière et nous encourage à traverser notre part d'ombre, nos émotions, en transcendant blessures et épreuves. Il s'agit de notre histoire à toutes, de nos quêtes et guérisons en retrouvant les parts « manquantes » de notre être, pour unifier celui-ci et trouver la paix…

Isis nous aide à mieux appréhender la complémentarité du féminin et du masculin. On la représente avec de grandes ailes car elle surmonte de nombreuses épreuves ; elle nous rappelle que nous sommes aidés par le ciel et par de profondes ressources spirituelles. On l'invoque pour trouver l'amour et l'harmonie dans un couple, unir les deux polarités féminine et masculine. Elle deviendra, dès le Nouvel Empire (vers 1500-1000 ans avant J.-C.), la déesse la plus populaire du panthéon égyptien. Elle est la divinité protectrice des morts et de la famille. Son culte dépassera les frontières de l'Égypte et se répandra dans le monde grec et romain.

À savoir

Isis nous aide à reconnaître les zones d'ombre pour éviter les écueils. Parmi les aspects sombres de la déesse, le manque de reconnaissance de notre propre pouvoir par les autres, l'insatisfaction qui en découle, l'exercice du pouvoir par la manipulation, la domination ou l'emprise sur les autres.

Mantras :

« Chaque jour, je crée ma vie et j'expérimente mes forces avec cœur et conscience. »

« Ma parole est pouvoir, j'honore ce pouvoir qui est le mien et je choisis mes mots en les alignant avec cœur et avec esprit. »

« Je suis fille de la terre et du ciel étoilé. »

Pour accompagner la méditation :

L'huile essentielle d'encens, de myrrhe, le lapis-lazuli et la malachite.

Sekhmet

« Se respecter soi-même, respecter les autres »

Cette déesse solaire à tête de lionne était vénérée dans l'Égypte ancienne, pour la force de ses actions qui inspiraient le respect (et la crainte, parfois). Elle accompagnait les pharaons dans leurs opérations militaires. Elle incarne deux aspects : déchaînée, elle peut provoquer de terribles cataclysmes naturels mais, canalisée et apaisée, elle accorde sa protection, notamment en ce qui concerne les maladies. Sous sa forme la plus douce, elle devient Bastet, la chatte protectrice des foyers heureux. Son énergie de feu solaire met de la passion dans notre vie et dans notre façon d'incarner notre souveraineté. Elle symbolise la conscience pour choisir, décider, poser des intentions de façon claire et juste, en harmonie avec nos besoins. Elle nous encourage donc à nous observer, nous écouter afin de mieux identifier nos besoins fondamentaux, pour les honorer. Son énergie de feu met aussi en lumière les zones d'ombre de notre personnalité et permet une transformation libératrice. Ce feu, qui purifie et régénère, nous aide à nous débarrasser de nos croyances limitantes.

La face sombre de Sekhmet : attention à la colère aveugle, sans contrôler le mécanisme qui la déclenche. Nous pouvons aussi, sans nous en rendre compte, exercer une domination plus ou moins consciente sur notre entourage. Il faut, dans ce cas, faire appel à Maât pour équilibrer, identifier nos émotions et contrebalancer ces tendances.

À savoir

Mantras :

« Je pose des limites avec mon entourage, de manière juste, avec cœur et conscience. »

« Mon cheminement est unique et je le crée chaque jour avec cœur et lumière. »

Pour accompagner la méditation :

L'huile essentielle de santal et de cardamome, la cornaline.

Maât

« Atteindre l'équilibre »

Fille de Rê, le dieu Soleil en Égypte, cette déesse reflète l'harmonie et l'ordre. Elle est le point d'équilibre qui relie le ciel et la terre. À la fois conscience individuelle et cosmique, elle garantit paix et prospérité. Si elle accompagnait les Égyptiens tout au long de leur vie, elle était aussi présente après la mort, lors de la cérémonie de jugement, afin de savoir s'ils avaient mené une vie juste.

Cet archétype reflète la tranquillité de cœur et d'esprit, l'alignement des valeurs et de nos actes. Pour atteindre cela, il est important de vivre en étant présent dans l'instant et de réaliser qu'il y a, en nous, un espace et un calme que rien ne peut troubler, une force illimitée, un refuge qui nous permet de déployer une énergie remarquable.

La face sombre de Maât : répéter les mêmes erreurs ou être dans des pensées récurrentes. Pour retrouver un certain équilibre, il est nécessaire d'entamer un travail d'introspection avec un regard lucide.

À savoir

Mantra :

« Je suis pleinement présente à mon corps, je l'observe et l'accompagne avec attention et sans jugement. »

Pour accompagner la méditation :

L'huile essentielle de rose et d'orange et, comme pierre, la turquoise.

Kuan Yin

« Guérir le cœur »

Cette déesse de la compassion incarne le pouvoir infini de l'amour, mais pas seulement : elle représente également la protection et la consolation face à la douleur. Elle tient dans une main un vase d'eau (symbole de pureté et de conscience éveillée) qu'elle répand autour d'elle et, dans l'autre, une branche de saule (symbole de son pouvoir de guérison).

Kuan Yin est la déesse de l'harmonie, qui réconcilie et transforme pour le meilleur. Et cela commence par nous-mêmes : plus nous prenons le temps de nous connaître, de lâcher nos habitudes et nos critiques intérieures, plus nous pouvons accéder à un espace joyeux et nouveau.

Cette déesse a aussi sa part d'ombre : l'excès d'empathie envers les autres qui peut nous mener à l'oubli de nous-mêmes, la difficulté à recevoir et à donner de l'amour en confiance. Il faut, dans ce cas, travailler sur un rééquilibrage centré sur le cœur.

À savoir

Mantra :

« Je suis ma meilleure alliée. L'amour que je me donne est confiant et serein. »

Pour accompagner la méditation :

L'huile (la palmarosa), la pierre (le jade vert) et l'élixir (de fleur de lotus).

Artémis

« Cultiver son intuition et l'amour de la nature »

Cette déesse grecque deviendra la fameuse Diane des Romains. Déesse des cycles de la nature, de la chasse et de la fertilité, c'est une figure ancienne de la déesse mère, en lien avec les cycles de la Lune et l'ordre cosmique. Elle assistait les jeunes filles la veille de leur mariage et lors de leur accouchement.

Artémis représente l'aspect sauvage de notre être, qui s'épanouit au contact de la nature. Il s'agit d'accueillir notre pouvoir transformateur, de sortir de la routine du quotidien, de faire du temps sacré de la vie un temps de régénération et de création. Cette déesse, grâce à son lien avec la Lune, nous connecte aussi à notre intuition ; elle nous encourage à écouter nos rêves, leurs messages et leurs symboles. Artémis nous aide aussi à mettre en lumière les énergies féminines et masculines, en harmonie et en accord avec notre être profond.

Quelles sont ses zones d'ombre ? La réaction face au déni de notre besoin d'indépendance (qui peut devenir une source de colère contre soi et les autres) ou la volonté d'indépendance totale, dans la peur de partager son pouvoir. Pour équilibrer, vous pouvez faire appel à l'archétype de Kuan Yin.

À savoir

Pour accompagner la méditation :

L'huile essentielle de vétiver ou de menthe pouliot, et la pierre de lune.

Aphrodite

« *Savourer avec amour l'instant présent* »

Cette déesse grecque, née de l'union de la mer et du ciel, est l'incarnation même de la beauté et de la joie. Rien ni personne ne peut résister à cette belle déesse qui incarne le pouvoir transformateur de l'amour. Elle réunit à la fois l'amour, donc, et la sagesse. Reliée au mythe de la Grande Déesse, de la déesse mère (antérieure aux religions patriarcales), elle représente l'évolution de la nature et des humains. Déesse de l'alchimie, elle équilibre les énergies yin et yang, féminine et masculine. Née de l'écume des vagues, c'est aussi la déesse du mariage, de la famille.

Cette déesse joyeuse nous encourage à aimer la vie et à vivre nos désirs. Elle nous aide à nous relier à notre créativité, à tenter de nouvelles expériences, à ouvrir pleinement notre cœur. Aphrodite est aussi une déesse pour les sens, qui sont très importants : elle nous pousse à nous entourer de belles matières, de beaux parfums, de tout ce qui peut nous faire du bien, nous équilibrer et nous faire ressentir l'harmonie.

Vivre à travers cet archétype, c'est aussi se relier à notre esprit d'enfant en profitant de chaque instant de la vie.

Aphrodite a des zones d'ombre : elle peut utiliser son pouvoir d'attraction pour manipuler certaines personnes. L'archétype d'Athéna peut aider à rétablir cette attitude.

À savoir

Mantras :

« Trouvez la douceur dans votre propre cœur, alors vous pourrez la trouver dans chaque cœur. » (Rumi)

« Je m'ouvre pleinement à ma créativité et aux forces de l'univers qui me soutiennent. »

« Je joue ma vie avec légèreté, joie et créativité. »

Pour accompagner la méditation :

L'huile essentielle de romarin et de myrte, le quartz rose, le quartz blanc.

Marie

On pourrait dire que, dans l'inconscient collectif cher à Jung, de nombreuses femmes constituent une âme collective liée à Marie. Ce prénom était reconnu, à l'époque christique, comme un titre de reconnaissance des femmes initiées à un culte juif particulier, celui des esséniens.

L'essence et l'amour inconditionnel des différentes Marie de l'époque (de Marie-Madeleine à Marie-Marthe) se retrouvent dans d'autres personnalités plus contemporaines comme Mère Teresa, Sœur Emmanuelle ou Amma. On retrouve, chez chacune d'elles, le lien au sacré, certes, mais aussi l'ouverture d'esprit, de cœur, la générosité et l'absence de jugement envers autrui, pour servir une même cause. En ce sens, par leur unité de pensée et leur action, elles constituent l'une des facettes de l'inconscient collectif.

Marie-Madeleine

Marie-Madeleine représente le pur amour inconditionnel et l'acceptation totale de soi-même et de tous les autres. Appelée « prostituée » par certains misogynes, « épouse du Christ », « prêtresse du temple » ou « disciple », elle a toujours suscité la controverse ! Elle nous rappelle que nous avons chacune une part de divin en nous et que nous devons faire preuve d'indulgence envers nous-mêmes ! Elle nous encourage à faire preuve d'auto-compassion, d'amour, et non plus à être dans la punition, pour avancer sur le schéma de la guérison.

Hathor

Archétype même de la déesse mère, elle donne la vie, nourrit et protège. Synonyme d'abondance et de richesse, elle pourvoit aux besoins de tous les êtres vivants, animaux et êtres humains.

On invoque cette déesse, représentée comme une vache avec un disque d'or entre ses cornes, pour la fertilité et la fécondité des femmes.

Athéna

« Détermination et clarté »

Appelée aussi « Minerve » chez les Romains, il s'agit de la déesse de la sagesse, des artisans, des artistes mais aussi de la guerre. On la trouve représentée accompagnée d'une chouette (symbole de discernement) et d'un olivier (symbole de paix). On fait appel à elle pour ses qualités de protection et d'invincibilité. Elle est invoquée lorsque vous êtes dans des situations complexes, des conflits qui vous demandent courage et détermination. Elle vous permet, dans le même temps, de protéger vos valeurs, vos territoires, et de développer votre intuition.

À savoir

Athéna peut nous aider à reconnaître nos zones d'ombre. Faire régner le mental sur les émotions en refoulant ses sentiments ou en faisant preuve d'orgueil, rechercher l'ivresse des victoires sous la volonté de faire la guerre à tout prix : voici les côtés noirs de cette déesse. Pour rééquilibrer, faire appel à Aphrodite et Maât.

Mantras :

« Je suis forte et sage intérieurement et je fais appel à cette force sans limite qui est la mienne dans tous les domaines de ma vie. »

« Ma force réside dans ma connexion à la vie et je fais confiance au processus du flux de la vie. »

« Mon corps est force et souplesse. Je le respecte et prends soin de lui. »

Pour accompagner la méditation :

L'huile essentielle de citron, l'huile essentielle de cèdre, le cristal de roche, le grenat (pour soutenir notre détermination).

Hygié

« Pour prendre soin de soi »

Il s'agit de la déesse grecque de la santé et de l'hygiène (ce mot français a d'ailleurs été créé à partir de son nom). Pas étonnant lorsqu'on sait que son père est Esculape, le dieu grec de la médecine. Cette déesse est citée au tout début du fameux serment d'Hippocrate (datant du IVe siècle avant J.-C. mais toujours en vigueur aujourd'hui) et représente la médecine préventive, ainsi que les soins du corps.

Prendre soin de soi, c'est avant tout respecter et honorer notre être. Entretenir sa forme à travers l'alimentation, l'activité physique… mais aussi mettre en place une routine bénéfique : un bain peut par exemple nous permettre, au-delà du fait de se laver, de nous ressourcer en profondeur. Les monodiètes et les mises au repos de notre système digestif peuvent aussi nous aider à améliorer notre vitalité.

L'oubli de nos besoins et les comportements extrêmes, voire les addictions, constituent la part sombre de la déesse. Il est conseillé, dans ce cas, de faire appel à Maât et Kuan Yin.

Cette déesse est souvent représentée par une coupe, principe de vie, enlacée d'un serpent qui symbolise les forces de guérison reçues par la personne malade.

À savoir

Mantras :

« Le corps est le véhicule sublime de mon expérience de vie. »

« Mon corps est mon temple, il est sacré, je l'honore et prends soin de lui avec amour. »

Lilith

On dit qu'elle est la première femme d'Adam. C'est une femme libre, qui décide de ne pas choisir l'union classique du mariage mais préfère la solitude et l'exil. On la représente souvent de manière « sauvage », hirsute. On raconte qu'elle vit sur une île, entourée de figures démoniaques. Par sa sexualité, là aussi très libre et instinctive, on dit qu'elle représente une part de l'ombre du féminin. Mais ce n'est pas tout : elle peut aussi vous aider à assumer des émotions difficiles, enfouies au plus profond de vous, comme la tristesse ou encore la haine.

En regardant en face votre ombre, avec vos mécanismes de défense, vos mensonges et quelquefois (il faut bien le dire) vos manipulations, vous vous connecterez à une plus grande légitimité. Vous pouvez faire appel à elle dans des rituels pour éveiller votre désir et votre sexualité, en brisant des tabous ou des peurs. Elle permet de mobiliser cette énergie vitale pour les femmes, située dans notre bassin.

Hécate

Surnommée « la patronne des sorcières », Hécate apparaît comme une figure toute puissante dans la *Théogonie* d'Hésiode (VIIIe-VIIe siècles avant notre ère).

Perçue au départ comme bienfaisante, elle finira par s'assombrir. Elle devient experte dans la confection des poisons et s'oriente, très vite, vers les homicides et les sacrifices humains. La chasseresse prend différentes formes : celle d'une jument, d'une chienne, d'une louve. Déesse multiforme également embrassant à la fois le ciel, la Terre et les mondes souterrains, on l'assimile à Séléné (la Lune), Artémis (déesse de la chasse) et Perséphone (souveraine de l'au-delà). Figure centrale de l'Antiquité, dispensant le meilleur comme le pire, Hécate constitue la « sorcière originelle ».

Circé

Aussi puissante que cruelle envers les hommes, elle est, selon les versions, fille d'Hécate ou du Soleil. Elle s'installe sur l'île d'Alaia, entourée d'animaux sauvages. Homère raconte, dans *L'Odyssée*, de quelle manière elle a drogué les compagnons d'Ulysse avant de les transformer en porcs. C'est grâce à Hermès et son antidote que le roi d'Ithaque résiste. Conquise, Circé tombe amoureuse et décide de le prendre pour amant.

Morgane

Il existe plusieurs versions de cette fée que l'on retrouve dans *Vie de Merlin* de Geoffroy de Monmouth (1148). Cette guérisseuse, belle et sage, soigne le roi Arthur. Un peu plus tard, Chrétien de Troyes l'appelle « Morgue la Sage ». Elle est alors la sœur d'Arthur et règne sur le domaine d'Avallon. Celui-ci, peuplé de femmes détenant des pouvoirs surnaturels, constitue une représentation des morts dans le folklore celtique.

Morgane devient l'incarnation du désir féminin, si libre et si puissant, pour se venger de Lancelot dont elle s'est éprise et qu'elle a surpris avec une autre. Elle garde prisonniers dans le Val sans retour les chevaliers infidèles. Les hommes y sont soumis aux désirs des femmes mais, si Lancelot paraît, l'enchantement sera brisé. Il vaincra ainsi Morgane (eh oui, même les fées peuvent être vaincues !).

Médée

« La magicienne de Colchide », comme on l'appelle dans l'Antiquité, est la mère dénaturée qui va jusqu'au bout de la transgression pour punir l'homme qui l'a trahie. Considérée dans la société antique comme le profil même de la femme dangereuse et maléfique, elle est vue aujourd'hui comme celle qui ose remettre en cause l'ordre patriarcal et la suprématie masculine. « *Je renverserai tout, je bouleverserai tout* », aurait-elle dit, selon Sénèque.

Fille d'Alétès, roi de Colchide (une région proche de la mer Noire), elle agit à l'inverse de ses parents qui emprisonnaient et tuaient tous ceux débarquant sur leurs côtes. Elle tente ainsi de sauver les Argonautes, ces héros grecs venus voler la Toison d'or sur le navire Argos. Elle tombe alors follement amoureuse de leur chef, Jason, et lui prépare une potion magique qui lui permet de s'emparer de la peau mythique. Pour protéger la fuite des Grecs et la sienne, elle n'hésitera pas à couper son propre frère en morceaux.

Installée en Grèce et ayant donné deux enfants à l'homme qu'elle aime, Médée est dévastée lorsque celui-ci la quitte pour une plus femme jeune et plus puissante qu'elle. Elle décide alors de l'empoisonner et de tuer ses propres enfants, que leur père veut lui arracher. Cette femme redoutable aura ainsi tout sacrifié pour l'amour d'un homme sans cœur.

La femme médecine

Cet archétype fait écho chez beaucoup de femmes, car la femme possède dans sa nature féminine une capacité à soigner. Une femme coupée de sa polarité féminine manifestera moins d'empathie et de sensibilité vis-à-vis de l'autre. La femme médecine est donc à la fois énergie féminine (yin), intuition, mais aussi énergie « yang », celle de la force et de la détermination.

Si, comme les sorcières, les guérisseuses ont été réprimées dans l'histoire, le féminin sacré ne cesse de guérir les blessures, à la fois de l'humanité et de la terre. Cette voie permet d'apporter de l'équilibre et de l'harmonie au monde.

Les différentes phases de la vie d'une femme

On trouve aussi, dans les archétypes, la représentation de la triple déesse, à la fois associée aux cycles lunaires et à la vie d'une femme : petite fille, âge adulte (rôle de mère et d'amante) avant la sagesse (repos et méditation) de la femme âgée, qui tire profit des expériences qu'elle a vécues.

Si la triple déesse est une divinité unique, ses différentes phases comportent un certain nombre de caractéristiques, avec une personnalité et des traits qui lui sont propres. Elle nous encourage à porter un regard plus harmonieux, aimant et paisible sur les différentes étapes de notre vie, pour mieux les accueillir. Elle nous accompagne au quotidien et est notre plus grande alliée.

La jeune fille/la jeune vierge

On la considère souvent comme innocente, voire naïve. Sa connexion avec son cœur et son énergie est très forte. Tout ce qu'elle vit est intense, ses plus grandes joies comme ses plus grandes peines. Qui ne se souvient de son premier grand chagrin d'amour ? On teste ses limites, il y a une grande part d'authenticité puisque nous pouvons être nous-mêmes avant d'être influencées, façonnées par la société et ses injonctions diverses et variées… Cette phase est déterminante pour le reste de notre vie, notamment en matière d'amour-propre et de confiance.

C'est aussi une période sensible qui peut être dangereuse, où les jeunes filles sont souvent exposées à des visions superficielles et hypersexualisées de la femme, avec des critères de beauté non seulement faux mais impossibles à atteindre (et avec cet *a priori* que la beauté n'est placée, entre autres, que sous le signe de la jeunesse…).

La jeune fille est l'incarnation de l'élan vital, elle symbolise la naissance et la renaissance à chaque nouveau cycle. Avec ses premières menstruations et la phase de la puberté, elle correspond à la lune ascendante. Elle s'incarne à travers l'archétype de l'aventurière ou de la chasseresse, c'est une période de curiosité, de découverte, de spontanéité : cette jeune fille n'a, en général, pas encore la connaissance ni la maîtrise de ses émotions. Elle est aussi libre et indépendante ; on la relie d'ailleurs souvent au signe de la vierge (mais sans connotation sexuelle).

À savoir

Plusieurs déesses sont associées à l'archétype de la jeune fille comme Artémis, Brigit, Athéna, Ixchel, Dana, Liberté ou encore Éoste.

La mère/l'amante

Cette figure, qui représentait seulement au départ la mère et l'épouse, est devenue ensuite celle de l'amante et de la créatrice. Elle s'inscrit dans l'évolution « logique » du stade précédent.

On l'associe à l'été, lorsque les fruits sont mûrs et pleins ; c'est aussi le moment où la création bat son plein. C'est le point culminant du cycle de la femme, où celle-ci peut porter un enfant. Mais pas seulement : c'est également une phase de production artistique, pour le lancement de projets innovants… Un pouvoir créateur qui s'exprime dans tous les domaines (art, jardin, amitiés…), avec des priorités qui nous ressemblent plus, une nouvelle façon de penser et d'envisager la vie. Les décisions sont davantage fondées sur notre intelligence émotionnelle.

La mère incarne la résilience et la force. Précisons qu'il s'agit d'une période « d'être mère », et non pas du fait d'avoir des enfants ou pas. La femme est alors pleinement dans le don de soi, de guérisseuse… Elle se rapproche aussi d'elle-même en apprenant à mieux se connaître, à s'accepter, à s'aimer pour ce qu'elle est. Elle commence à transmettre aux plus jeunes et développe de manière importante son intuition. C'est un moment où les cycles menstruels régissent notre vie (ils constituent d'ailleurs, normalement, un moment de repos, très peu respecté).

Cette période est cruciale dans notre vie : nous nous engageons vis-à-vis de nous-mêmes mais aussi des autres ; c'est le passage à l'âge adulte. Trois éléments sont indispensables pour le vivre au mieux : la discipline, la minutie et l'amour sans limite.

À savoir

On associe la mère à différents archétypes : Xiwangmu, Flore, Haumea, Chalchiuhtlicue, Nout, Oshoun, la Vierge du cuivre.

La femme sage/la Crone

La femme sage, appelée aussi « Crone », représente le dernier visage de la femme divine, dans son aspect le plus accompli et, comme son nom l'indique, le plus « sage ». Cette période intervient au moment de la ménopause, entre quarante et soixante ans.

Longtemps marginalisée par la société, c'est pourtant le moment où la femme a pleinement accès à ses dons, son intuition, sa sagesse… C'est aussi la période, dans une société « humaine », où les rôles devraient s'inverser et où les jeunes devraient prendre soin de ces femmes qui leur ont tant donné. Elles peuvent avoir pour certains un aspect effrayant (il suffit de penser à l'imagerie populaire…), mais c'est aussi l'annonce d'une vie nouvelle qui intervient après la fin d'un cycle. Car tout est recommencement, surtout si l'on envisage la mort comme un évènement transformateur.

C'est aussi le moment passionnant d'un ralentissement en pleine conscience, la mise à profit et la transmission de ce que l'on a pu apprendre dans notre vie. Cela passe par une reconnexion juste au temps, à la *slow life*, où l'on canalise tout ce qui a été appris pour le recycler dans l'Univers…

CHAPITRE 6

S'APPUYER SUR LE CALENDRIER ET LES FÊTES DU FÉMININ SACRÉ

Les saisons qui rythment l'année symbolisent les différents âges de la vie à travers un cycle qui fait alterner naissance, croissance, détérioration progressive, mort puis renaissance. Le tout s'inscrit à travers les quatre grandes saisons : printemps, été, automne et hiver. Ces saisons sont en lien avec la durée de l'ensoleillement et la fertilité de la terre, marquées par les solstices et les équinoxes. Un certain nombre de fêtes, comme le passage à la nouvelle année, sont issues de traditions plus anciennes, comme la *wicca*, un mouvement religieux fondé sur une ancienne tradition païenne.

Dans une époque où nous oublions que nous faisons partie de la nature, dans une course à la croissance sans limite, il est pourtant important de se reconnecter aux saisons car leur alternance nous est bénéfique, chacune étant essentielle : le cycle de la nature est d'une ingéniosité remarquable ! Lorsqu'elle se met en « veilleuse » et respecte le cycle de la noirceur, alors que les jours raccourcissent, c'est pour mieux revenir l'année suivante avec une alternance de phases d'activité et de repos. Un fonctionnement sain et vital pour chaque espèce vivante.

Mettre en place des rituels

Les croyances, les valeurs nécessitent un véritable cheminement et peuvent nous aider à créer un climat de respect et de bienveillance à l'intérieur de nous-mêmes, en laissant notre être profond se déployer naturellement. Elles permettent aussi de mettre en place de nouvelles habitudes et d'utiliser les sources de bien-être comme motivation, d'apprivoiser les peurs. En nous reconnectant profondément à nous-mêmes, à notre dimension sacrée, on peut changer notre manière de vivre, notamment en retrouvant notre véritable féminin.

La mise en place de rituels permet d'accompagner ce changement et d'accéder aux ressources nécessaires pour qu'il puisse se faire. Mais ces rituels existent surtout pour nous relier à notre force intérieure. Ils peuvent être partagés ou quelquefois solitaires, comme la méditation ou la prière… Actes symboliques, ils permettent en effet d'investir notre féminin profond et, en nous écoutant vraiment, de lui redonner toute sa dimension sacrée, que l'on retrouve dans les grandes traditions spirituelles du monde entier. Comme nous l'avons vu, notre féminité est intimement liée à la douceur, et nous pouvons retrouver son sens à travers les rituels, en accordant par exemple notre corps et notre âme à chaque saison, en célébrant notre corps et sa sensualité.

Nous pouvons par exemple faire « l'offrande pour une nouvelle lune » : il s'agit du moment idéal pour poser une intention et inviter la nouveauté dans notre vie.

Rituel : l'offrande pour une nouvelle lune

Placez, au centre d'un cercle que vous aurez tracé, un objet qui vous symbolise : une fleur ou un bijou que vous aimez particulièrement. Continuez avec d'autres objets qui symboliseront les différents aspects de votre vie réclamant votre attention. Vous pouvez terminer en répandant du thé ou des fleurs en cercle autour de la composition…

Un autre exercice consiste à « purifier l'aura » : il faut s'ancrer, visualiser une boule de lumière blanche pour établir le champ d'énergie. Pour allier concentration et calme intérieur, on se relie alors pleinement à son souffle en maintenant son attention sur dix respirations consécutives (inspiration/rétention/expiration/étention).

À savoir

L'alimentation peut également constituer une vraie médecine, notamment à travers l'Ayurvéda, tout en équilibre, ainsi qu'à travers la cérémonie du thé. De manière générale, le rituel se déroule dans une maison traditionnelle japonaise et ne dure pas plus de 45 minutes. Le but est de purifier intégralement l'organisme et l'esprit, afin de s'apaiser.

Les saisons

Burn out, effondrement du système économique et climatique : autant de conséquences de notre lutte contre la nature et le rythme des saisons. Car n'oublions pas qu'il existe un printemps, un été, un automne et un hiver, à la fois pour notre corps et notre esprit.

Printemps

S'il débute officiellement le 20 ou 21 mars, sur le plan énergétique, dans la médecine chinoise, le printemps commence le 4 février. Le début du mois, même s'il fait encore froid, est marqué par le retour de la lumière. Tandis que différentes choses commencent à germer dans la terre, il en est de même pour nos idées et nos pensées. C'est une période de croissance intérieure où il est essentiel de nous reconnecter, d'être à l'écoute de notre inspiration et de nos désirs.

C'est le moment où l'énergie se réveille et est en pleine expansion : elle est tournée vers le positif, la lumière et le renouveau.

Tous nos rêves semblent possibles à réaliser ! C'est le temps de l'extériorité, l'envie d'aller dehors, au-devant de nouvelles relations, notamment amoureuses ! C'est aussi le début d'un nouveau cycle de lumière, d'une nouvelle année, incarnée par l'arrivée du Bélier dans le zodiaque. Nous sommes prêtes à foncer, à aller au-delà de nos peurs ; c'est le moment d'exprimer nos intentions !

Été

Cette saison d'abondance, qui débute le 21 juin, invite à profiter du temps, de la chaleur, de la nourriture… C'est le moment où nous rentrons aussi dans l'action, l'énergie yang est à son apogée ! C'est une période particulière, où les choses peuvent se transformer radicalement ou par étapes (et à-coups). Tentez d'identifier vos résistances, ce à quoi vous vous heurtez.

N'oublions pas que, traditionnellement, c'était l'époque des récoltes mais aussi le moment où l'on semait, plantait. C'est aussi une saison propice à la création, de manière générale. Cette énergie estivale permettait de travailler plus mais aussi de festoyer plus, en dormant moins (ce qui est beaucoup moins facile au milieu de l'hiver : essayez !). C'est une période de maturation, les idées se concrétisent. Si, aujourd'hui, nous n'aspirons en été qu'à ralentir et nous reposer d'une année effrénée, c'est parce que nous nous sommes déconnectées de notre rythme naturel.

Vous pouvez utiliser cette énergie pour des raisons professionnelles mais aussi personnelles, commencer un travail intérieur : à vous de voir comment utiliser cette belle vitalité qui est la vôtre ! Le challenge est d'affronter la réalité sans entrer en conflit : apprenez à naviguer en prêtant attention aux détails. C'est aussi le moment de s'engager clairement.

Automne

L'automne est placé sous le signe de la gratitude. Si l'on profite encore de l'abondance estivale, c'est aussi le moment de récolter les fruits de ce que nous avons semé, de regarder dans le rétroviseur, d'admirer ce que l'on a réussi à accomplir ces derniers mois. C'est également le début d'un mouvement vers l'intériorité, avec l'approche des ténèbres et la réduction de la lumière. On avait pour coutume de se rassembler en automne afin de remercier la nature de son abondance à travers différents rituels et offrandes, mais aussi d'achever un certain nombre de tâches avant l'arrivée de l'hiver, pendant que c'est encore possible.

Le mois d'octobre marque la transition vers l'obscurité avec un retour vers l'intérieur, aussi bien physique que mental : c'est l'heure du « cocooning ». Notre rythme commence à ralentir, ce qui favorise une période d'introspection et de réflexion, notamment sur ce qu'on est prêt à lâcher. Nous pouvons alors nous poser différentes questions : que sommes-nous prêtes, par exemple, à laisser pour mieux renaître/vivre au printemps ? Cela nécessite un état d'esprit bien particulier : pas toujours facile d'explorer ses facettes sombres ! La douceur et l'absence de jugement envers soi-même sont indispensables pour rendre ce travail plus doux… N'oublions pas que nos fragilités sont humaines !

Hiver

C'est le moment de la récupération ! Ce temps de repos et d'introspection invite à prendre soin de soi. Reposez-vous après l'année intense que vous avez vécue. Il faut aussi prendre le temps de mettre de l'ordre, de faire le bilan. Porter ce regard vers l'intérieur n'est pas toujours facile car nous découvrons des illusions sur nous-mêmes (quels sont nos actes de qualité, ceux qui ne le sont pas ?) qui peuvent aller jusqu'à nous rendre malades. Il faut donc les abandonner, élaguer en renonçant au superflu et faire le tri.

Il s'agit ensuite de retrouver l'équilibre à travers le repos, bien sûr, et l'acceptation. C'est un moment de quiétude et de silence où notre identité profonde se révèle… Nous sentons que de nouvelles choses vont émerger en nous. L'énergie se régénère en cette période d'hibernation, pour que la vie puisse à nouveau renaître !

La méditation à la rose

Depuis la nuit des temps, diverses traditions spirituelles utilisent une méditation spécifique, appelée « méditation à la rose », pour se relier à la nature et au vivant. En voici une version :

- regardez l'image sereine de la rose, comme l'image de la planète Terre ;
- partez d'un point de sa périphérie et, tout doucement, avancez du regard, en cercles concentriques, jusqu'à arriver au centre, au cœur de la rose, au cœur de la planète. La lumière caresse les contours de la Terre, tout comme votre regard caresse, en cercles concentriques, les cercles formés par les pétales. L'énergie de la lumière venue de l'astre solaire rejoint l'énergie du noyau de la Terre, comme l'énergie de votre regard se pose sur le cœur de la rose et échange avec elle une pensée sereine. La lumière fait alliance avec la Terre, comme par votre regard vous faites alliance avec la rose ;
- la rose est sur sa tige, comme la Terre sur son axe. Vous êtes sur la Terre, comme une part de vous-même, à savoir votre regard, est sur la rose : léger. Cette légèreté, gardez-la avec vous, renouvelez-la, faites-la partager…

Suivre la voie de la déesse lune

On trouve ses premières représentations sous forme de cône ou de colonne de pierre. Elles pouvaient parfois provenir de météores, être laissées sous leur forme naturelle ou travaillées comme en Mélanésie, où on les trouvait sous forme de croissant (adorées ainsi comme un des aspects de la Lune) ou circulaires (pour représenter la pleine lune). Elles pouvaient être blanches ou noires, en fonction des aspects brillants ou obscurs que l'on souhaitait évoquer. À Chypre, par exemple, Astarté était représentée par un cône ou une pyramide. On retrouvait cette même forme à Byblos, ou encore au milieu du mont Sinaï. On sait aujourd'hui qu'à travers ces statues, on a souhaité représenter la femme à travers sa forme, sa sexualité et son essence féminine.

On pouvait aussi trouver, comme représentation de la Lune, une colonne de bois ou encore un arbre. Cet arbre lunaire sacré (que l'on trouvait par exemple dans les peintures assyriennes) pouvait être figuré comme un arbre réel, avec la lune croissante dans ses branches. On retrouvait souvent, dans les sanctuaires dédiés à la déesse lune, des animaux qui devaient rappeler aux fidèles les aspects les plus sauvages de sa nature, par exemple le lion ou la panthère, alors que son aspect plus maternel et nourricier était illustré par la vache (dont les cornes rappellent la « lune cornue »). Cette dernière qualité de douceur correspond également à la nature féminine qui, comme elle, est aussi bien lumière que ténèbres. La lumière douce et froide de la Lune, qui descend et apporte du discernement, de la clarté et de la sagesse à la terre, est souvent représentée par une colombe.

Depuis des millénaires, cet astre a donc été associé au féminin. Nous avons évoqué précédemment Lilith, qualifiée aussi de « lune noire » ou de « planète invisible » (absence de lune dans le ciel). Celle-ci souligne le côté sombre et obscur de la femme (les forces des ténèbres, d'où sa couleur noire) mais aussi la magie de la profondeur de son être. Cette lune noire doit être pleinement considérée car c'est elle qui signale ce qui ne va pas et a besoin d'être éclairé, afin d'effectuer un travail sur cet aspect.

« Normalement », le cycle de nos règles suit celui des saisons et de la Lune. Cet accord parfait, ainsi que la reconnexion avec notre Terre et sa nature cyclique permet, nous l'avons vu, de guérir bien des blessures. Car cet astre révèle en la femme ses qualités d'intuition et de sensibilité, mais aussi une forme de magie liée à la nature et à la vie sur terre. Se connecter à cette puissance permet de réveiller notre pouvoir.

La Lune nous parle de nos émotions, nous aide sur la voie de notre réalisation personnelle et de nos rêves. Plus globalement, elle influence tout ce qui est sur Terre. N'oublions pas que, depuis des millénaires, cet astre a été présent dans toutes les traditions. Les sorcières, elles, s'accordaient au rythme de la Lune pour faire leurs cérémonies, formuler leurs intentions à travers des incantations.

La durée du cycle lunaire est de vingt-neuf jours et un quart (il s'agit aussi de la durée moyenne des cycles féminins) :

- Le renouveau s'incarne à travers **la nouvelle lune**, l'énergie renaît avec le début de ce nouveau cycle. C'est le moment de poser des intentions, de se fixer de nouveaux objectifs. L'énergie est plus douce, propice au fait de se poser pour mettre en place nos aspirations, nos rêves et nos idées. C'est une phase plutôt passive où l'on entreprend de poser nos rêves sur le papier, nos intentions, de planter des graines pour le futur. Méditez, imprégnez-vous de ces rêves du premier au troisième jour et demi après le premier croissant.

  Thématiques : page blanche, possibilités, rêves, intentions.

- **Le premier croissant de la lune croissante :** c'est la période idéale pour donner à vos rêves la possibilité de s'épanouir. Même si vous n'êtes pas encore complètement prête à avoir le discernement nécessaire pour savoir ce que vous allez réaliser. Prolongez toutefois votre réflexion de trois jours et demi, sept jours après la nouvelle lune.

  Thématiques : courage, progrès, foi.

- **Le premier quart :** l'énergie continue son ascension en s'accélérant. Vous pouvez alors passer à des choses concrètes et rentrer dans l'action. Il s'agit de prendre le temps de ressentir et visualiser vos désirs. Un imprévu, un problème ou encore une crise risquent de se présenter : restez concentrée, gardez l'esprit clair et ne vous laissez pas distraire On est dans l'accomplissement des intentions posées lors de la nouvelle lune, on reste donc concentrée sur ses rêves sept à dix jours et demi après la nouvelle lune. On sort de sa zone de confort, on ose, on avance !

Thématiques : défi, confiance, engagement.

- **La lune gibbeuse croissante** est un moment qui peut se révéler un peu difficile. Soyez patiente, tenez le cap ! Ne laissez pas votre ego ou votre peur détruire vos rêves. Soyez-y attentive de dix jours et demi à quinze jours après la nouvelle lune.

Thématiques : agir, améliorer, adapter.

- L'apogée de notre énergie arrive au moment de **la pleine lune** : notre créativité est alors à son comble, notre connexion avec les éléments naturels également. C'est le moment de nous connecter à notre intuition, d'exprimer notre gratitude en célébrant ce que l'univers nous offre. C'est un peu la phase cruciale du « tout ou rien » : si vos rêves (ou l'un d'entre eux) doivent se réaliser, c'est maintenant. Vous pourriez aussi recevoir un signe montrant que vous êtes sur la bonne voie… mais soyez patiente : certains souhaits mettent du temps à se réaliser. Cette période intervient de quinze à dix-huit jours et demi après la nouvelle lune.

Thématiques : résultats, fruits, pardon, gratitude, remerciements.

- **La lune gibbeuse décroissante :** l'énergie de la Lune commence à décroître, c'est une période d'introspection et de ralentissement. Détendez-vous et respirez. On prête davantage attention à soi, mais c'est aussi le moment du pardon (vis-à-vis de soi-même et des autres) et du lâcher-prise… Prenez du recul sur les trois semaines précédentes en décidant de ce que vous voulez continuer, laisser partir, de ce qui vous semble juste et aligné. Cette période s'étend de trois jours et demi à sept jours après la pleine lune.

Thématiques : cycle, détente, acceptation, recentrement.

- **Le dernier quartier :** c'est le moment de regarder dans le rétroviseur et de considérer ce qui s'est déroulé jusqu'à maintenant, le chemin que vous avez accompli. Tranchez et décidez de ce que vous voulez emmener dans le cycle de la prochaine nouvelle lune, de ce que vous voulez laisser derrière vous. Une période qui s'étend de sept jours à dix jours et demi après la pleine lune.

  Thématiques : discernement, réévaluation, équilibre, harmonie et confiance.

- Nous arrivons enfin à la lune noire (ou balsamique), **le dernier croissant**, lors des trois derniers jours du cycle lunaire (de dix jours et demi après la pleine lune à la nouvelle lune). Dans le prolongement du dernier quartier, il faut définitivement vous défaire de certaines choses, laisser aller. Ces jours doivent être consacrés au repos, à la récupération. La douceur est le maître mot. Pour vous aider, vous pouvez prononcer ces mots sanskrits : « Om Namo Narayani » (« Je m'abandonne au divin »). C'est une manière de lâcher prise, de vous en remettre à ce que l'univers a prévu pour vous… et dont vous faites partie !

  Thématiques : guérison, douceur, dévotion.

La roue de l'année et les huit fêtes sacrées

Ce que l'on appelle « la roue de l'année » provient des anciennes coutumes celtes et compte huit fêtes sacrées basées sur les mouvements des astres, des saisons, les équinoxes et les solstices. Si l'année se divise en huit parties, on peut l'envisager à travers six mois de lumière et six mois de noirceur… (et on célèbre les deux de la même manière !).

La période de six mois qui sépare un équinoxe de l'autre, entre Ostara (la fête païenne qui célèbre l'arrivée du printemps) le 21 mars et Mabon (qui marque l'arrivée de l'automne), le 21 septembre, est une période de lumière où les journées comprennent plus de soleil que de nuit, contrairement à l'autre moitié de l'année. Il est important d'intégrer cette notion d'« obscurité » qui fait partie intégrante du cycle de notre vie et doit être célébrée de la même manière que la lumière. Car cela transparaît aussi dans le cycle de la nature : les périodes d'activité et d'énergie intense sont suivies d'une période plus lente, où récupération et introspection sont au programme.

Il y a, dans ces huit périodes, des apogées avec les solstices : Litha (la fête du solstice d'été), le 21 juin, et Yule (la fête du solstice d'hiver), le 21 décembre. Ces deux journées, la plus longue et la plus courte de l'année, situées au milieu de ces deux périodes (de lumière ou de noirceur), symbolisent le retour de l'énergie inverse.

Ostara, le 21 mars

Il s'agit de l'équinoxe de printemps, où le jour est égal à la nuit. La lumière prendra ensuite le dessus sur les ténèbres et les jours rallongeront. Ce retour de la lumière symbolise la légèreté, la fête, la joie ; nous nous réveillons avec la nature !

Dans les temps anciens, on célébrait Stara (appelée aussi « Éostre »), déesse de la fertilité. Elle incarne aussi le printemps, la vie.

Vous pouvez vous promener et contempler la nature pour découvrir les premiers signes du printemps. C'est aussi un moment où l'on sème ses intentions pour les six prochains mois de l'année… On retrouve la même énergie que lors de la nouvelle lune : renouveau, nouveau départ, rêves, possibilités… C'est d'ailleurs aussi le renouveau de l'année zodiacale, avec l'arrivée du signe du Bélier !

Beltane, le 1er mai

Cette journée intervient entre l'équinoxe de printemps et le solstice d'été ; elle est en lien avec la renaissance de la nature. Cette fête était traditionnellement celle de l'amour (on allumait d'immenses feux de joie autour desquels on dansait jusqu'à l'aube), mais aussi celle où l'on rentrait en contact avec le monde des fées.

Cette fête est le moment d'oser, d'agir (elle correspond au premier quart lunaire). Elle a un parfum d'enfance, avec une confiance forte dans la vie.

Litha, le 21 juin

C'est le solstice d'été, la journée la plus longue de l'année ! L'énergie est très festive, la connexion avec le monde de la nature et des fées très présente. La noirceur commencera ensuite à prendre doucement le pas.

Cette fête est placée sous le signe de l'amour et de l'union. C'est traditionnellement le moment où les mariages sont célébrés ; des feux de joie sont allumés. On peut comparer cette fête à celle de la pleine lune, avec cette célébration d'énergie à son point culminant.

Lammas, le 1er août

Il s'agit de la journée qui se situe à mi-chemin entre le solstice d'été et l'équinoxe d'automne. C'est le moment de recueillir les intentions plantées lors de la fête d'Imbolc (le 1er février). C'est aussi celui des récoltes, une manière d'exprimer notre gratitude pour l'abondance de Mère Nature. Il s'agit aussi, de manière symbolique, de faire un choix, de décider de ce que l'on veut cueillir ou pas : décide-t-on de récolter les fruits ou de les laisser mourir ?

Concrètement, c'est le moment de procéder à une « mise à jour », de prendre du recul sur notre vie, de voir si son évolution nous convient et ce qu'il faut ajuster. Abandonner certains de nos rêves, de nos souhaits avec conscience, amour et douceur pour laisser de la place et accueillir quelque chose d'encore mieux ? D'ailleurs, cette fête nous renvoie au troisième quart du cycle lunaire : nous sommes dans la même énergie de lâcher-prise, de laisser-aller, d'examen de conscience et d'intériorité.

Il peut y avoir une forme de crise existentielle en lâchant des parties de nous, des relations qui ne nous conviennent pas ou plus, pour laisser la place à ce qui nous ressemble… Une formidable opportunité de gagner en authenticité !

Mabon, le 21 septembre

Ce moment marque celui de l'équinoxe d'automne, où le jour et la nuit sont de durée égale. C'est cependant le retour vainqueur de la noirceur, avec des nuits de plus en plus longues. C'est un moment d'équilibre, en phase avec l'arrivée de la Balance en astrologie. Cette fête des récoltes est aussi synonyme d'abondance, marquée par la gratitude et l'humilité. Traditionnellement, on se réunissait en famille ou entre amis pour confectionner des repas avec les fruits et légumes récoltés.

Samhain, le 1er novembre

Cette journée, qui se situe entre l'équinoxe d'automne et le solstice d'hiver, est plus connue sous le nom de « fête des morts ». Il s'agit avant tout d'honorer nos ancêtres, de penser à eux. Nous pouvons aussi l'envisager de manière symbolique : qu'est-on prêt à abandonner, à laisser mourir dans notre vie actuelle ? Quelle partie de nous, intention, relation ou encore blessure décidons-nous de laisser partir ? C'est le moment d'entamer un nettoyage énergétique et émotionnel de ce qui nous empêche d'avancer, pour nous alléger dans notre quotidien.

Halloween, célébrée essentiellement dans les pays anglo-saxons, est inspirée de cette fête. Il s'agit d'une nuit puissante pour honorer nos ancêtres. C'est un moment de douceur, d'intériorité, de laisser-aller et de lâcher-prise.

Yule, le 21 décembre

Cette journée du solstice d'hiver est la journée la plus courte de l'année et l'apogée des ténèbres. La lumière commence à préparer son retour. Cette fête était célébrée initialement pendant douze journées consécutives. Elle est placée sous le signe de la convivialité ; on se réunit traditionnellement entre proches. L'important est de prendre soin de soi (et des autres) avec douceur, tout comme lors de la lune balsamique.

Imbolc, 1er février

Cette célébration, un peu moins connue que les autres, se situe entre Yule et Ostara. La lumière se rapproche de plus en plus, le printemps aussi ; les journées rallongent. On célébrait la déesse du feu, Brigit, cette triple divinité qui incarne les trois aspects de la femme (jeune vierge, mère et Crone). Aussi déesse de la magie et de la fertilité, on l'honorait avec une croix confectionnée à partir de paille que l'on accrochait à la porte de son foyer, en signe de protection.

On peut profiter de ce moment pour faire un nettoyage émotionnel et énergétique, mais aussi réaffirmer nos intentions et notre pratique personnelle, renouveler nos promesses et honorer nos croyances.

PARTIE 3

SE RECONNECTER À SA PUISSANCE

Se reconnecter à sa puissance, c'est ne plus être victime des circonstances. Votre conduite n'est plus guidée par des phénomènes extérieurs sur lesquels vous n'avez pas prise : au contraire, vous puisez votre force en vous-même et dans des principes durables. En prenant de l'assurance, vous prendrez aussi en main votre existence, en respectant le rythme qui vous est propre, qui vous convient le mieux, pour épouser harmonieusement les mouvements de la vie.

Pour cela, il est important de travailler avec vos cycles et phases de vie : apprenez à vous ajuster aux changements énergétiques des règles, de la grossesse et de la ménopause, en mettant en place des méditations pour chaque phase de la vie. Maîtrisez votre énergie sexuelle, développez votre intuition : augmentez votre capacité à puiser dans votre empathie naturelle et vos capacités intuitives, à mesure que votre conscience énergétique se développe.

N'oubliez pas de stimuler aussi votre créativité : ouvrez les canaux de votre désir et de votre passion, alimentez votre inspiration et votre capacité à vous manifester dans votre vie. Enfin, accueillez et embrassez votre féminin : explorez l'incroyable connexion spirituelle avec les autres et l'univers que vous abritez au plus profond de votre être féminin. Éveillez-vous au véritable amour, avec l'ensemble des êtres vivants.

Cela passe par le ventre : sacré pour une femme car berceau de la vie, des perceptions, des plans, des idées… Il suffit de vivre en se fiant à cette intuition primordiale (ce n'est d'ailleurs pas un hasard si l'on qualifie ce ventre de « deuxième cerveau »). Souvenons-nous de cette sensation qui nous prend au ventre et remonte pour nous orienter dans telle ou telle direction, nous donner des informations. Souvent contre notre raison, d'ailleurs. Combien de fois regrettons-nous de ne pas avoir écouté ce message, ces impulsions ? Notre ventre est le siège de notre intuition, notre guide intérieur, crucial lorsque nous devons prendre des décisions ; notre intellect doit être au service de ce guide intérieur.

La gynécologue américaine Christiane Northrup démontre, dans son remarquable ouvrage *Women's Bodies, Women's Wisdom*, le lien unique qui unit le chakra du ventre (le second chakra) et celui du cœur (le quatrième). Lorsque l'utérus, qu'elle appelle « le cœur vide », se retrouve fermé à cause d'évènements négatifs, vous êtes dans l'incapacité à ouvrir votre cœur et vous perdez ce sentiment de sécurité, de base et de connexion avec la Terre. Si vous n'êtes pas en contact avec votre ventre, vous ne pouvez pas vous ancrer solidement et tenir debout, comme l'expliquent les philosophies orientales qui soulignent cette interaction unique entre l'énergie féminine et la force d'attraction de la Terre.

Petit rappel : dans le corps féminin, l'énergie et la puissance de la Terre circulent du bas vers le haut (en passant par les pieds et l'utérus, contrairement à l'homme). Cette énergie dirigée vers l'intérieur agit comme une sorte d'aimant : cette force (que l'on appelle « centripète ») forme le centre, le pivot de la famille, de la société.

CHAPITRE 7

HONORER SON TEMPLE INTÉRIEUR

Honorer son temple intérieur passe par une quête du bonheur au singulier ; il s'agit de trouver le bonheur en soi-même. Les temps changent et de plus en plus de femmes, souvent entre trente-cinq et soixante-cinq ans, décident de ne pas partager leur vie. Si c'est facile pour certaines, il est plus difficile, pour d'autres, de faire face à la solitude. Dans tous les cas, il est important pour chacune de faire « sa part ». En tant que citoyennes du monde, comment pouvons-nous contribuer à sa construction ? Nous avons toutes un talent à offrir. C'est une priorité de mettre en place le sens que nous voulons donner à notre vie, d'écouter notre boussole…

Retrouver notre féminin sacré, c'est reprendre conscience de nos différents pouvoirs (transmis par la Terre et l'Univers). Ils sont incarnés à travers trois dimensions qui peuvent se développer dans le cadre familial mais aussi dans un cadre plus large, planétaire ou universel, portées à la fois par le cœur, le corps et l'esprit. Tout d'abord, la dimension d'initiation physiologique et énergétique (matérialisée par la femme à travers l'inspiration et l'accompagnement), ensuite, la dimension de création (matérialisée par la conception, la gestation, l'accouchement et l'allaitement) et enfin, la dimension consistant à faire évoluer et prospérer (matérialisée à travers le lien familial et la créativité).

Amusez-vous !

Il est important également de soigner notre relation à notre corps. Le fait de s'y connecter permet de ressentir plus largement la connexion avec la nature, les autres, notre famille, nos amis, et donc l'existence elle-même. Donnons de l'attention à ce corps qui nous ancre dans le monde ! Sport, méditation, yoga, danse, massages… tous les moyens sont bons. Sentez cette énergie vitale qui le parcourt, notamment dans le bas du corps, une « zone » que l'on laisse trop souvent endormie chez les femmes après quarante ans (la faute aux hormones !). N'hésitez pas à pratiquer la pleine conscience dans de multiples activités : lorsque vous mangez, marchez… et respirez !

Amusez-vous : entourez-vous d'ami(e)s avec qui partager du bon temps : c'est une condition importante pour rester équilibrée, sereine et heureuse. Prenez votre propre vie en main, soyez-en responsable et soyez autonome. Enfin, ayez de la gratitude et chérissez la vie avant tout : source de bonheur, de sagesse, elle nous procure inspiration et réconfort si nous savons nous y connecter.

Récupérer le pouvoir, l'esprit et la joie du corps féminin est essentiel pour comprendre sa connexion avec le flux d'énergie créatif. Et cela passe par la connexion, également, avec notre périnée. En y rétablissant l'équilibre physique et énergétique, les femmes peuvent apprendre à prendre soin d'elles-mêmes avec respect, guérir les fractures spirituelles et renouveler leur relation avec le féminin sacré. En effet, bien que le corps féminin soit un point d'accès au plus grand royaume de l'esprit, de nombreuses femmes ont perdu leur lien avec cette source.

À travers des visualisations, des rituels et des exercices créatifs, les femmes peuvent explorer la sagesse profonde et naturelle inhérente au corps féminin. Ce potentiel de création, de guérison et de transformation de l'énergie peut faire partie de la vie quotidienne de chacune. Allez à votre racine, le centre de toute féminité, changez radicalement votre relation avec votre corps et votre esprit. Éveillez et récupérez votre ancien « moi sauvage », restaurez votre énergie créatrice, reconnectez-vous à votre centre sacré.

Chaque aspect de la vie est sacré ; pourtant, nos modes de vie modernes nous font perdre de vue la magie qui se produit, à chaque instant, tout autour de nous, et l'émerveillement qui peut en découler. Nous pouvons devenir témoin et actrice de cette magie par la création d'un espace sacré en nous. Citons ici, pour nous y aider, Nemetona, une déesse celtique dont le nom signifie littéralement « espace sacré », de la racine celtique « *nemeto* ». On y retrouve la thématique des vœux, de la joie, la chance, la protection, la magie et l'environnement. Cette déesse nous invite à revisiter nos *a priori*, à nous laisser émerveiller par le mystère de la vie et la magie du monde, de nos corps, de nos esprits, à apprécier l'espace sacré qu'ils proposent. Observez l'interdépendance de chaque cellule des êtres, qui tisse nos vies. Ressentez votre connexion avec chaque personne avec laquelle vous interagissez, mais aussi votre unité avec l'Univers.

Améliorez tous les espaces dans lesquels vous êtes présente : votre bureau, votre salon, votre salle de bains… Créez un espace sacré avec votre être, où que vous soyez. Votre respiration peut vous aider à plonger plus profondément dans votre espace sacré intérieur.

Exercice pour gagner en confiance

Cette pratique vous permettra de vous sentir plus solide.

- Fermez les yeux, inspirez, et recentrez-vous.
- Imaginez une lumière dorée et chaude au niveau de votre plexus solaire, qui se diffuse à travers l'ensemble de votre corps.
- Laissez cette bulle se diffuser autour de vous, comme une protection faite de douceur et d'amour.

- Posez ensuite l'intention que cette bulle délimite votre royaume, votre espace, et que personne ne peut y entrer sans votre accord.
- Prenez une longue inspiration en vous grandissant, puis ouvrez doucement les yeux.

Méditation pour s'alléger

Très utile pour prendre de la hauteur lorsqu'une situation vous pèse.

- Rendez-vous dans un endroit en plein air et ouvrez votre espace sacré.
- Pensez à la situation qui vous contrarie et aux émotions qu'elle suscite.
- Orientez votre respiration dans les zones tendues de votre corps pour instaurer plus d'espace et, lorsque vous expirez, évacuez l'émotion en dehors de vous.
- Prenez ensuite trois grandes inspirations pour vous recharger en air pur ; exprimez votre gratitude et refermez ce cercle.

Débloquer votre énergie

Lorsque l'énergie se déplace librement en vous et à l'extérieur, vous faites des choses, vous êtes capable de faire face à n'importe quelle occasion et vous avez l'impression d'apprendre, de vous développer et de grandir. Vous ressentez pleinement votre vitalité. Cet état est propice à la créativité, à la positivité et à la véritable expression de votre féminin.

Lorsqu'il vous semble compliqué de contacter cet état, c'est simple : faites les choses différemment, initiez de nouvelles habitudes ! Qu'il s'agisse d'un nouveau cours de yoga, d'un itinéraire différent pour rentrer chez vous, d'une nouvelle recette ou de toute autre façon de briser la répétition de votre passé, vous pouvez créer de nouvelles voies neuronales dans votre cerveau, votre corps et votre système nerveux.

À savoir

> **Une personne, en moyenne, a 60 000 à 70 000 pensées par jour. À l'âge de trente-cinq ans, 95 % de ces pensées sont les mêmes que celles de la veille.**

Votre mental est bien souvent en pilote automatique, recréant le passé encore et encore, rétrécissant votre monde, votre vie, entraînant tout : corps, esprit, système nerveux, cerveau, hormones, système endocrinien, et maintenant vos habitudes du passé. Lorsque vous apprenez ou faites quelque chose de nouveau, vous brisez vos schémas passés (sans compter les milliers de nouveaux neurones que vous créez dans votre cerveau et votre système nerveux !). Vous grandissez ensuite et accédez instantanément au changement, jusque dans votre physiologie, à un niveau cellulaire profond.

Si nous pouvons nous concentrer sur la circulation d'une nouvelle énergie à chaque instant de notre vie, dans différents domaines, notre cerveau et notre corps répondront pour suivre nos désirs les plus profonds et créer plus de magie. Il peut arriver de sentir au contraire que l'on stagne : cet état provoque un sentiment d'arrêt voire de blocage, ou de culpabilité.

À savoir

> **Pour accueillir et honorer le mystère en nous, nous devons alchimiser notre ombre. Notre énergie est essentiellement logée dans notre bassin car il est le siège de l'énergie de vie dans le yoga. On parle aussi de « culture du ventre » pour évoquer la tradition japonaise. Le fait de fonctionner essentiellement avec le mental dans notre vie quotidienne nous empêche de donner assez de place à nos émotions, et bloque donc notre bassin. En perdant en mobilité, l'énergie féminine, la *Kundalini*, mais plus généralement l'énergie de vie, restent bloquées.**

Il est important de s'arrêter sur l'intégration de cette énergie et de nous imprégner des leçons, des compétences, de la guérison ou de la croissance dont nous avons besoin pour la prochaine étape de notre parcours. C'est un aspect puissant et important de notre voyage, car il donne le temps de réfléchir et d'intégrer tout ce que nous avons appris au lieu de sauter des étapes, que ce soit dans une relation ou au travail. En tant que femmes, nous le verrons, ce sentiment survient généralement après l'ovulation et juste avant vos règles, lorsque votre taux d'œstrogènes diminue et que votre progestérone est élevée. Nous sommes alors plus sensibles et conscientes de notre monde intérieur. Nous devons alors écouter et honorer les différents signaux de notre corps et sa sagesse.

Il est bon de clarifier vos modes de vie, prendre vos responsabilités et créer consciemment ce que vous voulez, au lieu de vous sentir coincée dans la victimisation. Les choses posées, c'est ensuite une pratique quotidienne, et de chaque instant, en observant la circulation, l'intégration en conscience (et avec vigilance) de cette énergie (et en restant le moins longtemps possible dans la stagnation).

Favoriser la circulation de l'énergie pour ne plus stagner

1. Écrivez toutes les façons dont vous stagnez dans votre vie.
2. Écrivez toutes les façons dont vous pouvez commencer à faire circuler une nouvelle énergie dans ces domaines de votre vie.
3. Écrivez les sentiments et les habitudes qui surviennent lorsque vous vous intégrez vraiment, puis incluez, lorsque vous savez qu'apparaît une stagnation, ce que vous pouvez faire pour accéder à nouveau à la circulation.

Prenez soin de vous

Honorer son temple intérieur, c'est aussi prendre soin de soi, adoucir son regard et se défaire des jugements sur ses propres actions. Nous devons prendre de la hauteur et travailler sur notre part d'ombre. Plus nous refoulons ces aspects moins nobles de notre être, moins nous pourrons les maîtriser.

Devenez votre meilleure amie et souhaitez-vous ce qu'il y a de mieux. Commencez par vous demander quels sont vos besoins : physiques, certes (repos, contact…), mais pas seulement. Examinez également votre besoin d'autonomie, d'authenticité, de sécurité. En matière de bien-être, il est question d'harmonie, d'ordre, de paix, d'inspiration ou encore de beauté.

Il s'agit ensuite d'assumer la responsabilité de ses propres besoins. Si des obstacles surviennent, il n'est pas question d'y répondre de manière violente. Selon le conseil de l'écrivain-conférencier et auteur du best-seller *Le Pouvoir du moment présent*, Eckhart Tolle, il est préférable d'en faire plutôt une sorte d'exercice spirituel, d'accepter les évènements comme si nous les avions nous-même choisis. Cette « acceptation » permet de faire de la place, que l'on peut ensuite mettre à profit pour changer les choses. N'hésitez pas à laisser les émotions monter en vous, toujours avec cette notion d'acceptation et d'espace : il s'agit aussi de vous donner l'espace que vous accordez aux autres.

À savoir

Nous l'avons vu, l'attention consciente que l'on se porte est décisive. Dans la pensée shintoïste, elle repose sur trois piliers : *Misonawasu* (voir), *Kikosimesu* (entendre), *Shiroshimesu* (comprendre de manière profonde). On retrouve, derrière ces trois notions, l'amour inconditionnel, tel celui d'une mère pour son enfant.

Intégrer la vision que vous n'êtes pas seule mais que vous êtes entendue, vue et comprise, vous guérit et vous enveloppe d'amour. Essayez de conserver cette absence de jugement et cet amour pour vous-même dans chaque instant de votre quotidien.

Se reconnecter à sa puissance

Pour l'autocompassion

- Accueillez la pensée ou le sentiment qui vous traverse en libérant ce que vous avez sur le cœur.
- Demandez-vous pourquoi cela vous arrive maintenant, à travers cette question : « *Pourquoi est-ce que je ressens ça ?* ». Interrogez-vous sur l'origine de la blessure, c'est le seul moyen de l'identifier ! C'est aussi une manière de prendre conscience de vous-même.
- Décidez de vous engager dans un geste ou une action qui va vous apaiser.
- Terminez en vous auto-gratifiant avec cette phrase : « *J'ai eu la force de gérer ce problème maintenant au lieu de le laisser empirer.* »

À savoir

Dans sa méditation guidée, « The R-A-I-N of Self Compassion », l'excellente Tara Brach donne une méthode pour identifier, laisser apparaître et travailler sur les émotions difficiles. Son podcast vous procure un apaisement immédiat !

Mettre fin aux comportements autodestructeurs

- Identifiez votre point faible, sans jugement ni demi-mesure (alcool, nourriture, médicaments…). Pour vous y aider, si vous avez du mal à regarder les choses avec objectivité, demandez-vous sur quel point votre entourage vous taquine le plus. Vous pouvez vous pencher sur la part de vérité que renferment ces blagues. Cela demande du courage d'être sincère concernant ses propres faiblesses !
- Vous pouvez inscrire sur un Post-it les conséquences négatives de cette « béquille » et déposer celui-ci sur un miroir : le fait de le relire vous fera ressentir et intégrer cette vérité, comme une sorte de mantra. Cela peut prendre des mois, mais ça vaut le coup !
- Éloignez-vous de l'objet de cette destruction en passant un contrat avec vous-même que vous serez capable de respecter, avec une véritable récompense que vous vous offrirez au bout.

- Explorez votre ressenti si vous avez honoré ce contrat. Si vous n'avez pas pu, passez-en un nouveau avec vous-même, sans culpabiliser : cela prend du temps de mettre fin à une habitude. Il s'agit aussi de la remplacer par une bonne, qui consiste à prendre soin de vous.

Visualiser

Pour nous aider à prendre du recul, nous pouvons visualiser la *dakini*, cette divinité du bouddhisme féminin qui représente le féminin sacré, notre nature profonde. Une des grandes figures contemporaines du bouddhisme, Tsultrim Allione, a d'ailleurs créé une méditation spécifique pour allier travail sur les émotions et chemin de transformation spirituelle. Cette immersion dans les cinq familles de *dakini* permet notamment la transformation des cinq émotions en cinq sagesses.

Bien sûr, je parle ici du bouddhisme tibétain, qui est cher à mon cœur, puisque c'est celui que je pratique, mais il y en a tellement d'autres ! Ces déesses sont vénérées depuis la nuit des temps. Il s'agit de les accueillir en nous pour recevoir amour, réconfort, compassion et confiance. Nous pouvons nous reconnecter à elles à travers des rituels, en célébrant la nature et les différentes fêtes saisonnières, car ce temple du féminin sacré est partout.

Pour recharger notre énergie vitale

On l'appelle « *chi* » en Chine, « *prana* » en sanskrit, « *ka* » en Égypte, « *mana* » à Hawaï ou encore « *ki* » au Japon : il s'agit de l'énergie que nous abritons, mais aussi de celle qui nous entoure. Plus son niveau est élevé, mieux vous vous sentez, physiquement et psychologiquement. Une des clés pour vous recharger reste la respiration : ce sera d'autant plus efficace si vous posez l'intention d'assimiler cette force et si vous la visualisez en train de se diffuser dans les différentes parties de votre corps. Vous pouvez aussi imaginer une lumière dorée se répandre dans chacun de vos organes…

En travaillant sur nos émotions grâce à la méditation, nous pouvons agir sur nos schémas répétitifs afin de manifester dans notre vie joie et harmonie. Méditer permet ainsi de clarifier nos intentions, de savoir ce que nous voulons (ou pas), afin de ne plus attirer les mêmes personnes. Il faut savoir qu'un schéma de répétition s'arrête dès l'instant où nous cessons de nourrir des relations ou des situations où nous ne nous respectons pas.

En mettant plus de conscience sur ce que nous souhaitons vraiment, nous renforçons, en plus, notre estime de nous. C'est un cercle vertueux ! Nous créons nos pensées et, donc, notre vie. C'est pour cette raison qu'il est important de se « nourrir » de beau, notamment à travers la contemplation et la visualisation de belles choses, de s'entourer de belles énergies, notamment à travers l'entourage que nous choisissons.

À savoir

En formulant une intention, vous dirigez vos pensées et votre énergie vers une idée. Cela donne un sens et plus de conscience à votre pratique (quelle qu'elle soit : méditation, yoga...), et surtout, cela permet de l'ancrer profondément. Il peut s'agir d'un mantra féminin, on appelle cette intention *« kototama »* en japonais. Il faut les formuler au présent et de manière affirmative, par exemple : *« J'accueille mes émotions »*, au lieu de *« J'aimerais accueillir mes émotions »*.

Formuler son intention

Asseyez-vous en tailleur, le dos bien droit, et ramenez les mains devant la poitrine. Portez votre attention sur votre respiration, le mouvement de votre ventre, et connectez-vous profondément à vous-même. Formulez ensuite votre intention intérieurement, et restez concentrée dessus le temps de trois respirations afin de percevoir la manière dont votre corps l'accueille, à travers les sensations, les émotions... Accueillez celles-ci pleinement avant de reposer délicatement les mains sur vos genoux.

La peur de la sexualité féminine

Comme nous l'avons vu, la sexualité féminine a été mise à mal depuis la nuit des temps, composant ainsi un véritable corps de souffrance collectif. Les tabous existent toujours autour de cette sexualité, avec pour dénominateur commun la culpabilisation de la femme. À cela s'est ajoutée la notion d'hystérie, popularisée par le Dr Charcot et son célèbre « Bal des folles » à l'hôpital de la Pitié Salpêtrière. Dénoncée comme un comportement déviant et excessif chez les femmes avec l'apparition de la psychanalyse à la fin du XIXe siècle, elle entraînait son cortège de traitements et d'essais cliniques violents. Électrochocs, séquestrations, sévices sexuels : rien n'est épargné, de nouveau, au corps des femmes. Rien d'étonnant à ce que celles-ci soient habitées de peurs conscientes ou inconscientes (presque constitutives de leur essence), liées aux interdits par rapport à leur sexualité mais aussi aux abus dont elles ont été victimes. On a donc longtemps fait croire que la femme a été, tout naturellement, punie de vouloir prendre du plaisir et de le contrôler.

Rappelons-nous le mythe de Lilith, la première femme d'Adam. On dit qu'une violente dispute se serait produite car cette dernière voulait trop souvent se mettre « au-dessus » lors de leurs ébats. Pour la punir, on la jeta aux enfers et on en fit une déesse païenne diabolique ! Plus subtilement, on dit aussi qu'en se jetant dans l'éther, elle serait devenue la fameuse « lune noire » qui exerce une pression sur nos ombres pour les mettre en lumière.

Il est important d'honorer notre temple intérieur et de guérir de cette peur de la sexualité, qui se transmet de génération en génération. Si une femme a subi des sévices ou une honte, elle installera malheureusement une pensée inconsciente à ce sujet dans la sexualité des femmes à venir. Prenons l'exemple d'une petite fille conçue dans la violence : elle conservera, même inconsciemment, l'idée que la sexualité fait mal, et s'abstiendra de vivre librement sa vie sexuelle de peur de transmettre à son tour cette violence.

On peut envisager la sexualité comme une rééducation afin de retrouver du plaisir. Il faut, pour cela, réussir à conjuguer la sensualité de notre corps physique et l'intelligence du cœur, afin de trouver notre juste place. Lancez-vous donc à la découverte de vos ressentis, cela peut se faire aussi par des activités comme la danse, qui permet d'éprouver du plaisir avant de vouloir le partager avec l'Autre.

Soigner son périnée

Prendre soin de son « temple intérieur » passe aussi, de manière très pratique, par le périnée, source de créativité, de spiritualité et d'énergie. Ce petit hamac de muscles, caché au fond de notre bas-ventre, passe souvent inaperçu. Il est pourtant nécessaire à notre bien-être physique (il soutient les organes sexuels et, donc, notre capacité à transmettre la vie), affectif (il permet de mieux ressentir les choses) et spirituel (car il est empli de la fameuse énergie *Kundalini*, qui peut remonter le long de la colonne vertébrale).

C'est aussi un point d'ancrage nous reliant au ciel et à la terre… et qui nous procure un sentiment de sécurité. Il s'agit de la manière dont nous nous sentons en harmonie sur cette terre, et enracinés. En ces temps chaotiques, l'ancrage est LA voie qui me permet de tenir. Cette reliance à la terre se manifeste de manière très concrète dans le corps, à travers notre nature de femme. À chacun des portails que sont les équinoxes et les solstices, nous avons l'occasion de mettre en place l'un des rituels qui redonnent du sens, de lever le voile – ce voile ancestral tissé de conditionnements et d'interdits – sur nos réels besoins et envies. Au quotidien, cela se traduit aujourd'hui par davantage d'enracinement et de confiance en soi, mais aussi dans nos choix et nos intuitions.

Il arrive pourtant qu'à cause du stress que nous vivons, le périnée soit trop tendu ou, à l'inverse, trop distendu. Pendant longtemps, ce sujet a été tabou : nous nous sommes senties peu à l'aise avec le bas de notre corps incarnant l'énergie sexuelle, tant celle-ci était redoutée. Celle-ci doit en effet être guidée en conscience, régie par les émotions et la spiritualité ; elle peut, sinon, laisser des blessures profondes dans notre être.

À savoir

On retrouve cette énergie sexuelle souvent représentée, dans les différentes traditions religieuses, sous la forme d'un serpent ou d'un dragon. Contrairement à l'épisode de la Genèse, où le serpent séduit diaboliquement Ève, les traditions orientales considèrent le serpent comme sacré, enroulé trois fois et demie au bas de la colonne vertébrale.

Libérez votre énergie sexuelle

À travers des exercices de respiration, de visualisation ou encore du yoga, vous pouvez faire remonter cette énergie jusqu'au chakra couronne (on dit d'ailleurs que la déesse Shakti s'unit ainsi au dieu Shiva). Libérez de cette façon les conditionnements et les croyances limitantes liées à votre corps, et récupérez votre énergie sexuelle en tant que pouvoir spirituel.

Se reconnecter aux éléments

Il est important de s'y reconnecter dans notre quotidien, pour s'ancrer, à travers des petits rituels… Les femmes sages ont toujours trouvé de l'apaisement en se rendant dans la nature, que ce soit en admirant un parterre de fleurs dans un parc ou en parcourant la forêt à la recherche de plantes médicinales : le monde naturel a toujours eu des propriétés ressourçantes… Il suffit de constater le bien que peut nous faire le fait de marcher pieds nus sur la terre ! Nous prenons de plus en plus conscience que nous sommes en lien avec cette nature, que rien n'est figé, et surtout, nous ressentons ce sentiment qui est au cœur de tout : un sentiment d'unité.

Comment se connecter aux éléments naturels ?

- **L'eau**

En déposant des coquillages, des galets ou des morceaux de bois flotté sur votre autel ; en vous reliant à des cristaux en rapport avec cet élément comme l'aigue-marine, en nageant…

- **La terre**

En marchant pieds nus ou en s'allongeant dans l'herbe.

- **L'air**

En pratiquant des exercices de respiration.

- **Le feu**

En allumant des bougies ou un feu, en se mettant au soleil.

- **L'éther**

Cet élément est essentiel car il unit tous les autres. Assez insaisissable, il est partout et nulle part à la fois. On peut le rencontrer à travers la méditation, et il est souvent représenté par un pentacle.

Se recentrer

Dans ces vies au rythme effréné, nous pouvons vite nous stresser et nous épuiser. Notre vie se déséquilibre, sort de son axe ; il arrive même que nous perdions de vue nos valeurs les plus profondes. Il faut, dans ce cas, se souvenir que nous tenons les rênes de notre vie.

Être au centre de sa vie n'est pas une attitude égoïste ; cela ne signifie pas que l'on va ignorer les autres ou s'en détourner. Nos actions seront générées par un centre de gravité solide, en pleine conscience de nos besoins et de nos valeurs. Cela implique de rentrer profondément en contact avec soi-même, et surtout de ne pas oublier qui on est, en prenant conscience de nos différentes énergies, valeurs et priorités. Ce dernier aspect est essentiel : il faut opérer des choix de manière consciente, sans se laisser « happer » ni s'adapter sans cesse aux demandes extérieures. Choisir ses priorités, c'est faire le choix de dire oui à certaines choses et, donc, écarter le reste.

Dans ce cadre, le fait de savoir dire non, même si ce n'est pas toujours facile, est essentiel pour notre équilibre. On peut considérer que le « oui » et le « non » sont comme le yin et le yang, deux forces avec lesquelles nous devons composer en harmonie. En tant que femmes, nous avons toujours peur de blesser, alors que le fait de dire non réduira notre stress tout en nous permettant de mieux profiter de ce qui représente de la valeur à nos yeux. N'oublions pas que, chaque fois que nous disons non à quelqu'un, nous disons oui à nous-mêmes et à nos valeurs.

Vous êtes le centre décisionnel de votre vie. Dans votre corps, vous devez ressentir en conscience qu'à tout « oui » correspond un « non » : c'est le rythme dynamique de l'existence. Et ne négligeons pas les petits « non » de tous les jours, qui contribuent à l'édification de notre pouvoir personnel et à notre puissance… Tant que vous ne suivrez pas votre propre voie, vous serez frustrée, déchirée par des conflits intérieurs, pas épanouie puisque vous vous éloignerez de vous-même.

Reconnaître puis valoriser ses qualités féminines permet de retrouver de la confiance et de l'apaisement. Nous n'avons plus besoin de chercher l'approbation des autres pour nous prouver que nous sommes capables. Cela permet de libérer de l'espace pour notre intuition, nos besoins, notre créativité, et pour réaliser nos rêves. S'honorer pleinement permet de recentrer nos capacités et d'explorer son propre territoire, de parcourir ce chemin qui mène à notre nature profonde de femme.

À savoir

Il est essentiel de savoir qu'il y a deux énergies en mouvement perpétuel, et que nous devons équilibrer. Il s'agit de cultiver une synergie en renforçant chacune de ces énergies, en revenant à notre bassin (car l'énergie yang est en général « surdéveloppée »).

- L'énergie yin, qualifiée de féminine, (ou *Kundalini*) provient du bassin et est liée à la création, l'intuition, l'aspect nourricier, sauvage.
- L'énergie yang, qualifiée de masculine, descend du sommet de la tête : c'est une énergie en lien avec l'action, qui lance les projets, structure et apporte protection.

Cultiver la créativité

Cet aspect joue un rôle essentiel dans le féminin sacré. Cela passe par le fait de s'accorder des pauses et des moments juste pour soi.

Nous vivons une période unique dans l'histoire, où nous portons encore en nous des déséquilibres séculaires. Ils peuvent être corrigés par l'énergie féminine qui guérit et s'éveille dans le monde entier. De tout temps, les femmes nous ont donné des enseignements pour incarner cette énergie personnellement. Nous devons, pour cela, engager les différents niveaux de notre être – mental, émotionnel, physique et spirituel. Nous disposons d'outils dans ce but : méditations guidées, visualisations et exercices énergétiques. Le but est d'identifier puis de libérer les blocages, comme les limitations induites par les fausses croyances, les blessures des relations passées, et tout ce qui nous conditionne. Il s'agit de supprimer les « lignes d'énergie » drainantes et de renforcer celles qui nous soutiennent. Apprenez à filtrer l'énergie que vous absorbez et à créer des limites saines, appropriées à chaque situation.

Méditation et féminin

La méditation nous permet de nous reconnecter à tout notre être, notamment aux parties spécifiquement féminines comme notre utérus, de cultiver notre connexion à la Terre et de renforcer nos qualités féminines – que ce soit à travers la méditation de pleine conscience ou une autre, plus dynamique. On dit souvent qu'il n'y a pas de « but » à la méditation, mais cette pratique doit permettre de développer certaines qualités, de mettre en place de nouvelles habitudes et attitudes pour accroître notre épanouissement.

À savoir

Méditer représente un vrai rendez-vous avec vous-même ; il s'agit donc d'ancrer cette pratique de manière régulière, si possible au même moment, pour que votre mental et votre corps l'intègrent. L'endroit où vous méditez est important car il vous aide dans votre pratique ; l'énergie qui s'en dégage est essentielle. Il peut s'agir par exemple de l'autel que vous avez créé (voir p. 135). Évitez d'être dérangée et, pour cela, ne choisissez pas des lieux de passage.

Les différents types de corps énergétiques

Les traditions yogiques comparent souvent le corps au véhicule de l'âme sur son chemin spirituel. Nous serions donc composées de quatre corps fondamentaux : physique, astral, mental et causal.

Le corps physique

Il s'agit de notre peau et tout ce qui se trouve sous notre peau, de notre présence physique dans ce monde, mais aussi de notre capacité de guérison. Il est en équilibre lorsque nous nous sentons souples et ouvertes.

Le corps émotionnel

Nous pouvons juger de son état par les pensées qui traversent notre esprit et les rêves que nous faisons. Il fait le pont entre le physique et le mental, synthétise notre expérience au monde, nos sentiments et notre relation à l'autre.

Le corps mental

Ce sont nos pensées, nos attitudes mais aussi la manière dont nous considérons notre place dans ce monde. On voit qu'il est en équilibre lorsque notre esprit est clair et que nous pouvons résoudre les problèmes de manière directe et solidaire.

Le corps causal

Il représente notre connexion à toute chose, à l'autre, à l'univers. On y expérimente l'interdépendance et l'unité de tous les êtres vivants. Ce corps spirituel est une synthèse, en quelque sorte, des autres corps, qui nous aide à comprendre que la solution est à l'intérieur de nous.

Il arrive que ces différents corps communiquent mal, que l'on assiste à un manque de fluidité. Des blocages liés à des déséquilibres se mettent alors en place.

À savoir

Le yoga est une voie vers le féminin sacré. Les postures, respirations et méditations propres au yoga permettent d'aller à la rencontre de vous-même, de votre corps, de ses besoins et de ses mémoires, d'aller puiser au plus profond de votre nature sauvage et sacrée. Mais il est essentiel, pour bien effectuer les mouvements, d'être à l'écoute de vos sensations, attentive à vos pensées et à votre respiration. N'oubliez pas que des sensations désagréables ou d'inconfort constituent des alertes pour prévenir que votre corps ne se sent pas respecté. Ne forcez jamais, que ce soit dans l'étirement ou dans l'effort.

Créer son autel

Il est important d'avoir un espace dédié pour honorer votre féminin et votre temple intérieur quotidien. Consacrez un coin de votre maison où vous disposerez des objets représentant les différents aspects de votre féminin. Ce lieu doit être propice au fait de vous ressourcer, de vous reconnecter à vos aspirations. Il doit se situer dans un endroit assez visible pour vous rappeler d'honorer quotidiennement votre féminin. Une étagère, une table basse, une table de chevet : l'essentiel est que ce lien très personnel soit guidé par votre intuition et votre créativité. Les objets peuvent changer, selon votre évolution et les besoins de vous relier à tel ou tel aspect de votre féminin. Vous pouvez marquer par un rituel la séparation d'avec un objet, pour exprimer votre gratitude et la fin d'un cycle.

Vous pouvez mettre sur votre autel :

- un objet qui représente vos qualités féminines selon les moments de votre vie ou l'aspect dont vous souhaitez prendre soin (un certain potentiel, un appel ou encore un aspect de votre personnalité, comme l'enfant intérieur). Une pierre, un dessin, un élément de la nature permettent d'être entendue et accompagnée dans votre démarche ;
- un symbole de votre utérus, de votre matrice (un dessin, une carte, une pierre décorée...).

Vous pouvez aussi y disposer des mots-clés qui vous inspirent, des mantras, des images rappelant vos valeurs et vos objectifs.

Placez-y également un objet qui vous remémore votre lignée. Dans les traditions asiatiques, le culte des ancêtres est essentiel. Le lien est réciproque : ils veillent sur nous comme nous veillons sur eux. Nos ancêtres, les lignées de femmes qui nous précèdent, constituent notre base. Les honorer, c'est se souvenir de nos racines pour nous ancrer et nous connecter.

Les bougies, l'encens ou encore de la sauge vous permettront de purifier l'espace, le corps et l'esprit, et de vous recueillir.

Les chakras

Qui dit énergie dit chakras, puisqu'il s'agit des centres énergétiques présents dans l'ensemble de notre corps. Les sept principaux nous permettent de voir si l'énergie est entravée ou, au contraire, si elle circule trop rapidement, car il peut y avoir un déséquilibre. Nous le ressentons dans notre corps à travers un blocage, une perte d'énergie voire des blessures ou des maladies.

On retrouve les chakras, ces centres énergétiques situés entre autres le long de la colonne vertébrale, dans différentes religions et cultures. Ils sont invisibles, mais les purifier permet de libérer notre énergie et de retrouver l'équilibre.

À savoir

À chacun des chakras correspond une glande qui régule le système endocrinien. Et, donc, les équilibrer permet aussi de réguler l'équilibre hormonal. Chaque chakra correspond à un domaine bien précis. Si on prend l'exemple de la glande thyroïde, nous pouvons être attentives à nos attitudes concernant le cinquième chakra, celui de la gorge, lié à la liberté d'expression. Avez-vous noté que vous aviez des difficultés à exprimer certaines choses ? Des non-dits ? Ou, au contraire, une tendance à vous répandre de manière excessive, notamment pour vous justifier ?

Les chakras (ce qui signifie « roue » en sanscrit) s'apparentent à des roues en rotation ou encore des tourbillons d'énergie. Ce sont les *rishis* (ou prophètes), dans l'hindouisme, qui furent les premiers à observer, lors de séances de méditation profonde, l'existence de ces chakras chez les êtres vivants, dans un champ magnétique qui nous entoure tous : l'aura. En effet, nous absorbons tout et restituons à chaque moment de l'énergie vitale présente dans notre environnement (appelée aussi *prana*). Ce processus s'opère à travers la respiration, mais aussi grâce à ces chakras puisant le *prana* à l'extérieur de nous, dans la nature et l'univers, pour le transformer en une énergie qui nous alimente, diffusée dans l'organisme. C'est la raison pour laquelle nous sommes « chargées » à la fois de manière spirituelle, physique, mentale et émotionnelle…

On trouve les chakras au nombre de cinq, sept, neuf ou quatorze, selon les traditions. En Occident, on en recense généralement sept : au niveau du coccyx, entre le sexe et le nombril, l'estomac, le cœur, la gorge, entre les deux sourcils et au sommet de la tête.

Plus ces centres d'énergie sont placés haut dans le corps, plus leur fréquence vibratoire et leurs actions sont élevées, puissantes et subtiles. Nous le verrons : le premier, qui se situe à la base, est associé au matériel, alors que le septième est associé aux « réalités supérieures » et à la spiritualité. Ils sont tous reliés par un courant d'énergie qui circule le long de la colonne vertébrale (on les compare souvent à des perles enfilées sur un collier).

Chacun est lié à des ganglions nerveux (organes et glandes précis) ainsi qu'à nos états d'âme et émotions. C'est la raison pour laquelle l'état d'un chakra, sa santé, influence de manière globale l'ensemble de notre corps et son équilibre physique, mental ou émotionnel. S'il contient une quantité de *prana* insuffisante, un chakra peut en effet causer des déséquilibres. Si un chakra est trop ouvert, nous pouvons nous sentir fatiguées, car une trop grande quantité d'énergie s'est écoulée vers l'extérieur. En revanche, la fermeture peut nous donner le sentiment de ne pas réussir à recharger nos batteries.

À savoir

Il faut savoir que tout est interdépendant et que ces centres d'énergie sont influencés par nos pensées, nos émotions ou encore nos croyances. À l'inverse, nos chakras impactent nos émotions, nos idées et nos ressentis. Lorsque l'ensemble est équilibré, l'énergie circule facilement du coccyx à la tête : il s'agit de la *Kundalini*. Enfin, un chakra bloqué peut très bien provoquer la surchauffe d'un autre chakra.

Lorsqu'il y a un dysfonctionnement, on peut rétablir l'harmonie des chakras avec des éléments qui possèdent la même fréquence vibratoire : des pierres, des fleurs, des parfums, des couleurs, des sons… Plus vous nettoierez vos champs d'énergie, plus vous vous sentirez apaisée et développerez de bonnes antennes !

Chakra racine/*Muladhara chakra*

Corps : À la base de la colonne vertébrale, lié au métabolisme et au système lymphatique

Couleur : rouge

Forme : carré

Son : *lam*

Pierres : rubis, jaspe et corail rouge, hématite

Parfums : bois de santal, cannelle, cèdre, basilic

Mantras : *« J'ai le droit d'être », « Je suis ici, je sais qui je suis, je suis chez moi où que je sois ».*

Appelé « chakra du coccyx » ou « chakra racine », il est situé à la base de la colonne vertébrale et c'est le plus instinctif de tous. C'est ici que se situent notre enracinement, notre besoin de nous sentir en sécurité, d'être. Il est associé à la sécurité de base, l'instinct de survie, la « présence au monde » et notre capacité à habiter notre corps.

Nous pouvons le sentir déséquilibré lorsque nous sommes envahies par un sentiment de solitude, sans soutien, que nous ne nous sentons pas stables ni enracinées. Si ce chakra s'emballe, notre instinct de propriété, de territoire ou encore nos désirs matériels peuvent prendre une importance démesurée. Lorsqu'il n'est pas assez développé, nous perdons cet ancrage : nous nous sentons mal dans notre peau, nous nourrissons une forme d'inquiétude, de peur ; nous devenons nerveuses ou développons une forme de méfiance.

Il y a plusieurs hormones associées à ce chakra, en lien avec les glandes surrénales, qui sécrètent notamment l'adrénaline et le cortisol (hormone du stress suscitant des réactions de fuite ou de combat primitives, qui aident à la survie).

Pour le rééquilibrer, rien de mieux que de se reconnecter à la nature et à la Terre. Marchez pieds nus, pratiquez des méditations ou visualisations d'enracinement. Gardez les pieds sur terre (au sens propre comme au sens figuré !).

N'hésitez pas, également, à bien vous envoûter et à transformer votre « maison » en un lieu d'ancrage, de sécurité, à en faire un sanctuaire. Il faut créer une base sûre, douce et agréable dans ce corps.

Chakra sacré/*Svadhistana chakra*

Corps : organes génitaux, vessie, bassin, région lombaire

Couleur : orange

Forme : pyramide

Son : *vam*

Pierres : cornaline, œil-de-tigre, onyx, pierre de lune, calcédoine orange

Parfums : jasmin, fleur d'oranger, ylang-ylang, mandarine

Mantras : *« J'ai le droit de ressentir », « J'aime ma vie », « J'honore mon corps », « Chaque inspiration me procure plaisir, jouissance et abondance ».*

Situé à 10 cm sous le nombril, on l'appelle aussi « chakra du sacrum », ou sexuel ; il est relié à notre capacité à savourer les plaisirs du corps. C'est le centre de nos émotions, de notre créativité mais aussi de notre sexualité. Il est associé à l'eau, avec une dimension flexible et mouvante.

On peut dire que c'est LE chakra du féminin sacré par excellence. Bien équilibré, il déclenche joie et abondance dans notre vie. Trop ouvert, il incite aux excès : nourriture, boisson, relations sexuelles, dépenses… Il est donc essentiel de laisser circuler les émotions, de ne pas les bloquer afin qu'il soit en équilibre (en général, les personnes chez qui ce chakra est bloqué éprouvent une culpabilité à goûter aux plaisirs de la vie). Il faut donc trouver l'équilibre et l'harmonie à travers un juste milieu, prendre soin de soi, de ses besoins, se réapproprier sa sexualité, tout en sachant mettre des limites et s'arrêter (nourriture, argent, exercice physique…).

On peut, sinon, se sentir dans un état de léthargie, déconnectée de son pouvoir créatif. Ce chakra est aussi à la base de la codépendance, génératrice de relations dysfonctionnelles.

Chakra du plexus solaire (ou du nombril)/ *Manipura chakra*

Corps : pancréas, appareil digestif

Couleur : jaune

Forme : sphère

Son : *ram*

Pierres : topaze, citrine, ambre, calcite jaune

Parfums : citron, pamplemousse, baies de genièvre, mimosa

Mantra : *« Je mérite le meilleur : l'amour, l'amitié et le respect. J'use de ma force avec sagesse, j'ai confiance dans la vie. »*

Situé sous le sternum, dans la région abdominale, il s'agit du chakra du respect de soi, de la confiance, de la liberté de choix et de la volonté.

Il est en lien avec la digestion : il s'agit de « digérer » nos idées, mais aussi nos sentiments, nos émotions… Il nous met en face de certaines questions : quelle image avez-vous de vous-même ? De quelle manière utilisez-vous votre force et votre pouvoir ? Nourrissez-vous suffisamment d'estime envers vous-même ?

Quel rapport avez-vous vis-à-vis de la confrontation : la recherchez-vous ? Est-ce que vous l'évitez ?

Lorsque ce chakra est équilibré, il vous procure un sentiment d'amour-propre et vous permet d'affronter les défis de l'existence avec calme et détermination.

Chakra du cœur/*Anahata chakra*

Corps : cœur, thymus, poumons, circulation sanguine

Couleurs : vert, rose

Forme : demi-lune

Son : *yam*

Pierres : quartz rose, jade, tourmaline rose ou verte, aventurine

Parfums : rose, sauge toute-bonne, bois de rose, géranium

Mantra : *« Tout l'amour est en moi. Je suis relié à tout ce qui vit, je vois de la joie dans toute chose. »*

Comme son nom l'indique, ce chakra, situé dans le cœur, fait le lien entre les trois chakras inférieurs et les trois chakras supérieurs : nos instincts et notre dimension spirituelle. C'est aussi le trait d'union avec ce que l'on appelle la « source d'amour universelle », ou entre notre aspect divin et les autres.

Son blocage empêche l'amour alors que son ouverture excessive peut amener à donner de soi trop facilement. Il est important d'avoir un cœur sain et ouvert pour nourrir des sentiments d'affection, de solidarité, de joie profonde, et de les partager avec les autres. Ce chakra permet aussi la guérison et le pardon des blessures du passé.

Chakra de la gorge/*Vishudda chakra*

Corps : glande thyroïde, gorge, bouche, cordes vocales, dents, mâchoires
Couleur : bleu
Forme : pyramide inversée
Son : *ham*
Pierres : turquoise, agate, aigue-marine
Parfums : camomille, eucalyptus, pin, marjolaine
Mantra : *« Je m'exprime librement, je transmets ma vérité et j'écoute la vérité de l'autre. »*

Ce cinquième chakra, qui se trouve dans la gorge, est en lien avec trois qualités essentielles : la communication, la vérité et l'intégrité. Son équilibre vous permettra de vous faire comprendre avec une grande fluidité : vous arrivez à exprimer et partager clairement vos pensées, vos sensations et vos sentiments. Vous êtes dans l'authenticité et l'empathie.

Si celui-ci est bloqué, cela vous empêche d'exprimer un certain nombre de choses : idées et sentiments… Dans le cas contraire (s'il est trop ouvert), vous pouvez exagérer votre manière de communiquer, pourquoi pas médire, et vous perdre dans des cheminements décousus… Votre bavardage sera interminable !

Lorsque ce chakra est fluide, votre énergie et votre expression sont dirigées vers une forme de créativité qui pourra se manifester sans être bridée.

Chakra du front/*Ajna chakra*

Corps : hypophyse, yeux, partie inférieure du crâne
Couleur : indigo
Forme : étoile à cinq branches
Son : *aum*
Pierres : saphir, tanzanite, lapis-lazuli, fluorite
Parfums : menthe poivrée, laurier, romarin
Mantra : *« Je suis ouvert à ma sagesse intérieure. Je puise des leçons de sagesse dans mon passé et des remèdes dans mon présent. Mon intelligence et mon intuition éclairent ma route. »*

Intelligence, sagesse, discernement, réflexion, intuition… Autant de qualités qui caractérisent ce chakra frontal, situé entre les sourcils, appelé aussi « troisième œil ». Acquérir une sagesse en tirant les leçons de vos expériences, en développant votre discernement des choses et des êtres : c'est ainsi que vous ouvrirez de manière harmonieuse ce sixième chakra.

Il est essentiel car il favorise l'échange harmonieux entre les deux hémisphères cérébraux, celui de la raison et celui des sentiments. La pensée positive, l'amour de soi et des autres permet de l'ouvrir, alors que les idées négatives, mesquines, le bloqueront.

Chakra du sommet de la tête/*Sahasrara chakra*

Corps : épiphyse, crâne, cortex cérébral, peau

Couleurs : violet ou blanc

Forme : voûte crânienne

Son : silence

Pierre : améthyste, quartz, fluorite, sélénite

Parfums : lavande, lotus, élémi, bois de santal

Mantra : *« J'honore et je protège le divin en moi. Je sais que tout va bien, même si le contraire semble vrai. »*

Parce qu'il est situé au sommet du crâne, on l'appelle aussi « chakra couronne ». Son ouverture dépend de la maturité spirituelle et psychologique de la personne. Les sentiments d'accomplissement et d'unité sont l'expression de ce chakra lorsqu'il est équilibré. Ce centre d'énergie vous permet d'être guidée, protégée, en étant reliée à plus grand que vous : l'univers (ou « conscience cosmique »). Ce chakra, trop ouvert, risque de vous priver de tout sens pratique ; le renfermement et la solitude peuvent être les signes de son blocage.

Essayez de garder votre attention et de prendre conscience de toutes les beautés qui vous entourent. Le silence, la lumière et la sérénité peuvent contribuer à sa bonne harmonie.

À savoir

Notre énergie, notre puissance passent aussi par l'alimentation. Depuis des millénaires, dans les traditions asiatiques, on considère les aliments comme de véritables « médicaments » puisqu'on se nourrit de leur énergie vitale. On privilégie donc ceux qui sont proches de la source d'énergie vitale, des éléments comme la Terre, le Soleil… Plus on est proche de la source d'énergie, plus on « reçoit » les bienfaits de ces aliments.

Gardez en tête certains principes : choisissez des fruits et des légumes de saison ; favorisez si possible le bio (les pesticides et engrais chimiques perturbent l'équilibre hormonal) ; consommez le moins possible de sucre au profit du miel

ou du sirop d'érable ; privilégiez les fruits, les légumes et les légumineuses mais limitez les viandes et les produits laitiers, tout comme les excitants (café, thé, chocolat...) qui perturbent l'équilibre du système nerveux – et donc, là aussi, l'équilibre hormonal.

On retrouve l'équilibre du yin et du yang dans notre assiette : on catégorise ainsi les légumes racines comme yang et les légumes fruits et feuilles comme yin.

Comment structurer ses repas ?

C'est une question de bon sens : selon la médecine traditionnelle chinoise, mangez les choses les moins digestes le midi (lorsque la digestion est plus active) et optez pour un repas plutôt léger le soir.

CHAPITRE 8

LE CYCLE MENSTRUEL

Nous savons désormais qu'il existe une dimension universelle et intime entre la femme et la Lune, depuis la nuit des temps. Dès l'homme primitif, on notait ce lien et cette synchronicité entre le rythme menstruel de la femme et celui de la Lune. Les Indiens d'Amérique du Nord utilisaient cette jolie image : lorsque la Lune était en train de décroître, ils la disaient « indisposée ». Dans certaines régions du monde, on pense encore que la « lune rousse » représente le sang qui tombe du ciel ; c'est « le sang de la Lune ».

Les femmes qui ont vécu des expériences embarrassantes lors de leurs premières règles exagèrent souvent leurs qualités masculines et évitent leurs qualités féminines. Inconsciemment, il semble qu'elles ont honte d'être des femmes, étant donné l'humiliation qui leur a été infligée au moment de le devenir.

N'oublions pas que le corps d'une femme est un système complexe avec des humeurs et une énergie en constante évolution. La femme emmagasine la profondeur émotionnelle et la sagesse dans son corps. Elle est l'hôte de la vie et de la mort, un canal de naissance et d'énergie créatrice.

Archétypes et saisons au sein du cycle menstruel

La répartition structurelle du cycle menstruel, semaine par semaine, est basée sur la sagesse des femmes anciennes. Gardez à l'esprit qu'au fur et à mesure que vous apprendrez à connaître votre propre cycle, vous serez en mesure de créer un schéma unique de la façon dont votre corps fluctue au fil des saisons, chaque mois.

Ne vous découragez pas si votre cycle est irrégulier ou si certaines phases sont plus longues que la moyenne. Vous pouvez toujours utiliser ces informations comme guide pour établir une relation solide avec votre corps. Au fur et à mesure que vous comprenez les énergies et les signes de chaque phase, vous serez en mesure de vous mettre à l'écoute et de sentir où vous en êtes, même si c'est différent chaque mois. N'oubliez pas que, même si le cycle représente un cadre assez précis, chaque femme est unique. Vous pouvez vous retrouver avec un cycle plus ou moins long. C'est pourquoi le suivi de la manière dont évolue votre propre cycle est si précieux !

Menstruations

Les deux premiers jours sont en général les plus désagréables : fatigue, maux de ventre… Mais, le troisième jour, notre taux d'hormones remonte : notre énergie est de retour !

C'est un moment où l'on prend soin de soi, où l'on se met au repos et en retrait (si possible !). Nous sommes censées ralentir le rythme le plus possible et nous préparer à un nouveau départ ! En effet, nous nous sentons fatiguées car, physiquement, nous perdons du sang, mais c'est aussi un moment de récupération pour régénérer nos énergies créatives, sexuelles et spirituelles.

Ce moment du mois est aussi celui du discernement, où nos idées sont les plus claires et notre intuition la plus aiguisée. C'est d'ailleurs le moment où vos rêves sont les plus intenses et où l'on reçoit le plus de messages. Ce moment correspond à l'archétype de la Crone, à travers sa sagesse et sa puissance. C'est aussi un moment de lâcher-prise : nous laissons tomber nos rancœurs et ne perdons plus d'énergie à propos d'anciennes blessures.

Saison : hiver.

Archétype : femme sage, mère.

L'hiver, ou phase de la femme sage, commence le jour 1 de votre heure de lune. C'est le premier jour où vous commencez à saigner et c'est la première semaine de votre cycle. L'hiver est un temps de réflexion intérieure, un temps de mort métaphorique. La phase de saignement de votre cycle est le moment où votre énergie et vos hormones sont au plus bas. La plupart des femmes, lorsqu'elles sont laissées à elles-mêmes, se reposeront davantage les premiers jours de leurs lunes.

L'hibernation et le repos sont deux qualités qui caractérisent avec précision ce qu'est cette phase pour une femme, mais il y a aussi un élément spirituel : on dit qu'une femme, à ce moment du cycle, est plus puissante et a un accès plus profond à sa propre sagesse. Dans des temps plus anciens, les femmes se séparaient des hommes pendant leur période de saignement pour se rassembler dans des huttes ou des tentes menstruelles, afin de se renouveler et de se mettre à l'écoute du monde des esprits.

L'hiver n'est pas un temps à donner aux autres, mais à nous-mêmes. Apprendre à s'aimer pendant cette période est le comportement le plus sain que nous puissions adopter pour nous-mêmes et nos familles. N'hésitez pas à prendre des bains, à passer des soirées cinéma à la maison, des journées seule à créer ou à écrire/lire au lit, dormir et être dans la nature.

Mots-clés : paix et tranquillité, repos, temps en solo, prendre de l'espace, se sentir en sécurité et confortable, sensibilité, sagesse, créativité, lâcher-prise, renouveau.

La pré-ovulation

On trouve, dans chacun des deux ovaires, des follicules (des agrégats de cellules qui contiennent des œufs/ovocytes immatures). Pendant cette phase, le follicule sécrète une hormone alors qu'il se développe : c'est l'œstrogène.

C'est à la fois la phase la plus solaire et la plus masculine de notre cycle. Nous avons beaucoup d'énergie, que ce soit au niveau créatif ou physique. Il s'agit de se mettre en mouvement, d'avancer vers nos rêves.

Saison : printemps.

Archétype : jeune fille, vierge.

Le printemps est la deuxième semaine de votre cycle.

Pensez renaissance, renouveau, nouveau départ, nettoyé, énergisé et heureux. Alors qu'une femme entre dans sa phase de printemps intérieur, elle est prête à revenir lentement dans le monde et à entreprendre de nouveaux projets, à commencer de planifier et d'organiser son mois. C'est un moment de réémergence après une période d'hibernation hors du monde.

Au cours de cette phase, l'hormone œstradiol (un œstrogène) augmente et les niveaux d'énergie commencent à revenir. C'est une période optimale pour consacrer du temps aux projets, à la lecture et à la recherche, à l'apprentissage et à l'exécution de tâches physiques. Vous trouverez peut-être que c'est le meilleur moment pour bouger ou pour relever un défi.

Mots-clés : renaissance, renouveau, nouveau départ, productivité, concentration, indépendance, force, défis, énergie physique.

L'ovulation

C'est vers le quatorzième ou le seizième jour du cycle que le follicule éclate et libère l'ovocyte. Beaucoup de femmes peuvent alors ressentir des douleurs ou autres symptômes physiques (fringales, saignements…). Le follicule devient ensuite un « *corpus luteum* » (ou « corps jaune »), un mélange de sécrétions d'œstrogènes et de progestérone, qui prépare d'ailleurs la paroi utérine à la fécondation.

Il s'agit de la phase dédiée à la conception, nos hormones (et notre énergie sexuelle) sont alors à leur niveau le plus haut dans le corps. Nous nous sentons plus confiantes, les choses semblent « venir » naturellement. Cette période, extrêmement puissante, est associée à l'archétype de la mère.

Saison : été.

Archétype : mère, guérisseuse.

La phase estivale est celle où les choses commencent à se réchauffer – littéralement et métaphoriquement. C'est la troisième semaine du cycle menstruel, où l'ovulation se produit. Une femme avec un cycle de 29,5 jours peut ovuler le 14e jour, bien que certaines ovulent un peu plus tôt ou plus tard.

Pendant la phase estivale ou phase maternelle, l'énergie d'une femme est plus expressive et extérieure. Elle peut se sentir plus sociable, et c'est le moment idéal pour se concentrer sur votre lien avec les autres, l'entretien des relations, l'hébergement, la cuisine ou le service aux autres. La semaine d'été est la période la plus propice pour s'occuper des enfants, offrir du soutien à ses amis et profiter de vos relations sexuelles avec votre partenaire (avec prudence, bien sûr, car si le plaisir est accru à cette période, votre fertilité l'est aussi !).

On dit aussi que le pouvoir de l'intention et de l'attraction est exacerbé à ce moment-là : n'hésitez pas à émettre des souhaits !

Mots-clés : extérieur et expressif, affectueux, créatif, ludique, axé sur la communauté, établissement de relations, service, éducation, amour, création, construction, espace pour les autres.

Prémenstruation

S'il n'y a pas eu de fécondation, le « corps jaune » se dégrade, entraînant la baisse des taux d'œstrogènes et de progestérone. La paroi utérine commence elle aussi à se détériorer. C'est sûrement le moment le plus compliqué à gérer : nos hormones chutent dramatiquement. C'est sûrement pour cette raison que notre sensibilité, notre réactivité se trouvent décuplées. Paradoxalement c'est la phase la plus puissante. Nous pouvons notamment développer et écouter notre puissance intérieure à travers l'intuition, à travers l'archétype de la femme sauvage.

Ce moment, qui est aussi une réelle quête d'authenticité, est propice pour vous connecter à votre cœur (même si vous vous sentez moins en confiance à cause des hormones). Un sentiment de fragilité peut vous envahir ; laissez passer vos émotions mais n'hésitez pas à prendre des décisions : c'est le meilleur moment pour le faire, votre intuition est tellement aiguisée ! N'hésitez pas à « consigner » dans un cahier vos ressentis puis agissez en fonction, avec confiance !

Saison : automne.

Archétype : femme sauvage, prêtresse, enchanteresse.

L'automne est la quatrième semaine de votre cycle, et c'est là que les choses commencent à ralentir. On ressent un plus grand besoin d'intériorisation. Les exigences excessives qui nous sont imposées peuvent devenir compliquées à supporter, alors que l'on désire plus d'espace et de temps seule.

À savoir

> **Si vous avez la chance de pouvoir le faire, essayez d'organiser votre vie en fonction de votre cycle. Si vous pouvez planifier délibérément des jours de congé avant votre cycle, en consacrant du temps à vos besoins personnels, c'est l'idéal. Car si nous les négligeons, le syndrome prémenstruel peut s'intensifier et vraiment nous gâcher la vie.**

> **Bien que nous puissions essayer d'ignorer les besoins de notre corps, notre discours corporel devient souvent plus fort en conséquence et se manifeste par une irritabilité et une fatigue extrêmes, entre autres symptômes.**

Choisir consciemment de reconnaître cette phase intérieure est un acte courageux d'amour-propre. Lorsqu'une femme écoute son corps pendant la phase d'automne ou de femme sauvage/prêtresse, elle peut trouver beaucoup d'inspiration et se trouver plus encline à consacrer son énergie décroissante à la poursuite d'idées créatives. C'est un moment merveilleux pour nourrir ses propres idées, écrire, dessiner, proposer des idées stratégiques pour votre entreprise ou votre carrière et vous affirmer.

Mots-clés : baisse d'énergie et d'hormones, besoin de plus d'espace, mauvaise humeur, moins de concentration, mentalement créatif, moins active physiquement, créativité accrue, affirmée, stratégique.

Comment célébrer vos règles

- Soyez ouverte et honnête au sujet de votre cycle. Il n'y a pas de honte à être une femme. Si vous avez besoin de prendre plus de temps pour vous parce que vous avez des crampes douloureuses, ce n'est pas quelque chose que vous devez cacher.
- Décorez : vous pouvez mettre des draps rouges sur le lit pendant le temps de la lune, porter une serviette rouge et plus de vêtements rouges.
- N'acceptez pas les commentaires d'hommes ou de partenaires autour de votre cycle lunaire. Éduquez doucement et gentiment, mais fixez des limites fermes.
- Créez des rituels d'amour-propre pour vous-même pendant le temps des lunes. Cela inclut de planifier moins (ou rien du tout) pour vous-même, de prendre du temps seule pour tenir un journal, lire ou créer partout où vous le pouvez, demander ce dont vous avez besoin à votre partenaire pendant cette période, ou dormir plus.

Accompagner le syndrome prémenstruel

Sautes d'humeur, dépression, fatigue, poussées d'acné ou crampes douloureuses : il y a des chances que vous viviez cela tous les mois. Si certaines femmes déclarent oublier qu'elles ont leurs règles chaque mois, d'autres sont presque handicapées lors de cette période.

Pour de nombreuses femmes, il est difficile de savoir ce qui est normal et ce qui ne l'est pas, car nous avons en fait créé un syndrome à partir des fluctuations normales de l'humeur et du corps d'une femme. Nous avons rendu anormaux les changements normaux d'humeur et d'énergie. Comme nous manquons de soutien et de compréhension pour travailler avec notre cycle, nous travaillons contre lui, sans le savoir.

Nous voulons toutes faire plus, tout en repoussant nos limites, et cela laisse peu de place à la douceur dans nos vies. Mais la réalité, c'est que les femmes ont besoin de temps pour se reposer et se nourrir à des niveaux différents et plus profonds par rapport aux hommes. Notre corps saigne tous les mois, certaines d'entre nous (beaucoup d'entre nous) font des bébés et allaitent. Si nous ne faisons pas attention, tout cela met notre corps à rude épreuve, nous épuise sur le plan nutritionnel et nous coûte beaucoup d'énergie.

Ce syndrome traditionnel tel que nous le connaissons, les changements d'humeur, les crampes ou les ballonnements subtils, les changements d'énergie sont des réactions corporelles tout à fait normales, en prévision du temps de saignement d'une femme. Mais n'est-ce pas simplement « être une femme » ? Nous n'avons pas besoin de rejeter les demandes de notre corps qui souhaite ralentir, ni notre besoin d'intériorité à certains moments du cycle, en transformant tous ces signes en « syndrome ».

Ces symptômes peuvent toutefois être définis médicalement lorsqu'ils deviennent plus graves. Les crampes vraiment douloureuses, l'acné kystique profonde, la dépression ou les pensées négatives ne sont pas des expériences que nous devrions considérer comme notre destin en tant que femmes. Ce sont les signes d'un déséquilibre. Avec des soins personnels doux et une alimentation appropriée, des aliments jusqu'aux herbes, nous pouvons apprendre à aimer nos cycles. Nous pouvons même les adopter comme une source de pouvoir et une opportunité pour lâcher prise et repartir à zéro chaque mois !

À savoir

La nourriture que nous consommons est essentielle. Pour des niveaux d'hormones optimaux, votre corps a besoin d'une abondance de bonnes graisses. Les graisses animales sont composées de différentes graisses plus absorbables que les graisses végétales, aussi des plats comme le bouillon d'os ou le poisson gras sont excellents.

Les légumes-feuilles foncés et les algues sont ultra nourrissants et protecteurs. Ils offrent aussi du magnésium et d'autres minéraux et nutriments dont votre corps a besoin pour guérir. On parle souvent des « dons de guérison » que les algues ont à offrir aux femmes. Elles protègent contre de nombreux cancers et peuvent favoriser une thyroïde saine.

Herbes et suppléments :

1. Vitamine C

La vitamine C est connue pour stimuler le système immunitaire, mais c'est aussi un booster d'humeur et un acteur clé dans la production d'hormones saines. Si vous souffrez de fatigue surrénale ou d'autres déséquilibres hormonaux qui provoquent fatigue et anxiété, la prise de vitamine C peut vous aider à améliorer votre humeur.

2. Glutathion

C'est l'un des antioxydants (sinon le plus important), responsable de tous les processus cellulaires du corps humain. Le glutathion soutient vos voies de désintoxication, vous protégeant de l'inflammation et des toxines. Sans cela, votre corps ne pourra pas se désintoxiquer aussi efficacement et votre système immunitaire s'affaiblira.

3. Réglisse

Cette plante est centrale, prescrite par la plupart des naturopathes ou des herboristes pour traiter la fatigue surrénale, le faible taux de cortisol et d'autres déséquilibres hormonaux. La réglisse imite le cortisol.

4. Chardon Marie

La détoxification du foie est en tête de liste en ce qui concerne l'équilibre hormonal. L'un des nombreux rôles de votre foie est d'éliminer les hormones en excès de votre système. Si votre foie est surchargé ou congestionné face à d'autres toxines provenant de la nourriture, de l'eau ou de l'environnement, cette fonction peut ralentir et vous pouvez vous retrouver avec des problèmes hormonaux comme un excès d'œstrogènes. Par ailleurs, vous remarquerez une différence importante sur votre peau et votre niveau d'énergie lorsque vous prendrez soin de votre foie.

5. Huile de bourrache

L'huile de bourrache aide à stimuler le bon fonctionnement des glandes surrénales ; elle est également utilisée par les femmes qui souffrent d'acné hormonale et d'autres problèmes de peau, ainsi que d'infertilité.

6. Magnésium

L'une des carences minérales les plus courantes concerne le magnésium. Il aide pourtant à réguler le cholestérol.

7. Vitamine B

L'agitation, la nervosité, l'anxiété et l'insomnie peuvent toutes être des signes que vous avez besoin de plus de vitamine B. La prise de vitamine B peut également aider à rétablir l'équilibre de la production de cortisol et à améliorer votre humeur.

8. Ashwaganda

Si vous souffrez de dépression, de sautes d'humeur incontrôlables ou de syndrome prémenstruel, vous pouvez avoir l'impression que vous êtes complètement hors de contrôle. L'ashwaganda a des effets positifs sur le système nerveux et réduit le stress.

9. Gattilier

Également connu sous le nom de « vitex », le gattilier peut aider à réguler votre cycle menstruel en équilibrant les œstrogènes et la progestérone. Bien qu'il ne soit pas encore entièrement classé comme une plante adaptogène, certains herboristes conviennent que le gattilier fonctionnera avec votre système hormonal pour apporter un équilibre en fonction de votre situation unique, ouvrant essentiellement la voie à un équilibre naturel au lieu de forcer des niveaux spécifiques à augmenter ou à baisser. Lorsque vous utilisez une plante adaptogène, vous n'avez pas à vous soucier d'obtenir de mauvais résultats, car elle fonctionne avec vous là où vous en êtes, voit ce qui doit être fait et se met au travail. Comme la plupart des herbes, vous devrez peut-être lui donner jusqu'à six mois avant de ressentir des changements, soyez patiente !

10. Millepertuis

Cette plante a des qualités antidépressives et peut également soulager la douleur. Vous pouvez trouver du millepertuis sous forme de thé en feuilles, ou le prendre sous forme de capsule ou de teinture (une extraction, généralement dans de l'alcool). Le millepertuis peut aider à soulager les bouffées de chaleur, la dépression liée aux hormones, et améliorer la libido.

11. Actée à grappes noires

C'est une plante couramment utilisée pour la ménopause. L'actée à grappes noires est assez puissante et a traditionnellement été utilisée pour soulager les bouffées de chaleur, les sueurs nocturnes et d'autres symptômes désagréables d'un faible taux d'œstrogènes. De plus, elle était utilisée pour déclencher les menstruations et aider à soulager les douleurs menstruelles.

Attention : utiliser des herbes si vous prenez des antidépresseurs, des contraceptifs ou d'autres médicaments peut être dangereux. Tout comme vous ne pouvez pas combiner tous les types de produits pharmaceutiques synthétiques, certaines herbes ne peuvent pas être combinées avec des pilules synthétiques ou d'autres herbes.

Rituels et suivi du cycle

Créer des rituels autour de votre cycle menstruel peut enrichir l'expérience et vous rappeler de prendre soin de vous.

À savoir

Voici sept idées de soins personnels autour des étapes de votre cycle :

1. Yin-yoga
2. Draps et serviettes rouges
3. Plus de sommeil
4. Nettoyage énergétique de l'utérus
5. Journal
6. Suivi des cycles
7. Ralentir

Vous trouverez votre propre façon d'honorer votre corps chaque mois, l'important est que vous le fassiez. Ayez confiance dans le fait que votre valeur vient de ce que vous êtes, pas de ce que vous « faites ». C'est bien de prendre du temps pour vous, cela fera de vous une femme plus forte et plus puissante dans tout ce que vous entreprenez.

Méditation sur l'utérus

C'est essentiel, plus que jamais, de vous reconnecter à votre féminité, votre temple intérieur, incarné par l'utérus. C'est le symbole du refuge, de la création (c'est en lui que naît et grandit la vie) mais aussi du ressourcement !

Asseyez-vous confortablement, en vous ancrant bien dans le sol.

Imaginez-vous comme une petite boule de lumière qui descend de votre tête jusqu'à votre utérus en passant par la gorge, le cœur, le plexus, votre bassin. En vous visualisant dans votre utérus, soyez attentive à ce que vous ressentez. Exprimez votre gratitude et refaites le chemin inverse jusqu'à votre tête. Vous pouvez à nouveau élargir votre attention à l'ensemble de votre corps. Prenez une grande inspiration, étirez-vous puis relâchez tout en expirant. Vous pouvez ouvrir les yeux, doucement.

À savoir

Si vous avez mal, n'hésitez pas à marcher (si possible en pleine conscience) : la sédentarité augmente une mauvaise circulation sanguine et la sécrétion d'une hormone (la prostaglandine) qui accentue les spasmes utérins. Une bouillotte placée sur le bas-ventre permet de détendre les muscles de l'utérus. Profitez-en pour respirer de manière profonde avec le ventre : inspirez en gonflant le ventre et expirez en le creusant (entre 2 et 5 minutes).

N'hésitez pas à vous faire des tisanes, à la fois en prévention (les plantes équilibrent les hormones) et en antidouleur (contre la fatigue, les gonflements...). La mélisse, la camomille romaine, l'achillée millefeuille ou encore le souci des jardins sont particulièrement efficaces !

Le caractère sacré du sang

Les femmes comprennent les cycles parce que nos vies sont encadrées par eux ; il y a un flux et un reflux intrinsèques à l'expérience féminine. Les étapes de la vie d'une femme sont des démarcations de la menstruation : la prépuberté, les années de procréation et l'arrêt du flux menstruel. Chaque mois de la vie d'une femme adulte est un cycle complet de naissance et de mort ; un microcosme de la vie elle-même. À mesure que les femmes vieillissent, ces cycles changent et la vie prend un caractère différent. La roue de l'année se rapporte symboliquement aux étapes de la vie des femmes, communément exprimées comme : jeune fille, mère et vieille, ou aînée. La plupart des cultures anciennes honoraient la vieille Crone comme une femme qui était pleinement en son pouvoir. Dans la culture occidentale, nous semblons vénérer la jeunesse et craindre l'âge, perdant la voix sage de l'expérience.

Longtemps synonyme de honte, d'embarras, de confusion, de peur et, pour certaines, de joie, d'excitation et de célébration, les premières règles chez les jeunes filles ne sont pas toujours faciles à appréhender. Nous l'avons vu, le corps d'une femme est un système complexe, avec des humeurs et une énergie en constante évolution. Elle emmagasine la profondeur émotionnelle et la sagesse dans son corps. Elle abrite la vie et la mort, un canal de naissance et d'énergie créatrice. Et pourtant, tant de femmes ne reconnaissent pas le caractère sacré de leur propre sang !

Comprendre et apprécier ce que notre corps fait pour nous est libérateur. Lorsque nous réparons notre relation avec nos cycles, nous réparons notre relation avec nous-mêmes et donnons à nos filles et à nos fils une voix intérieure plus saine sur ce que signifie être une femme qui saigne. Il est important que les femmes se souviennent que nous sommes celles qui donnent la vie. La femme ménopausée porte toujours cette énergie créatrice en elle mais l'exprime d'une manière différente. Une femme qui lutte contre la douleur de l'infertilité, qui n'a pas de cycle ou qui est entrée en ménopause précoce détient toujours la puissance de la sagesse féminine dans son corps.

Si une femme fait attention à son cycle, elle s'affranchit davantage des chaînes d'une société patriarcale qui a abandonné la douceur de l'énergie féminine. Elle réclame son droit de s'occuper sans vergogne des demandes de son corps, de semaine en semaine. Lorsqu'elle comprend ses changements d'humeur, ses désirs et ses besoins, elle contrôle davantage sa propre vie. Elle se connaît. Au lieu de se sentir secouée par une tempête imprévisible, elle est consciente d'elle-même et capable de naviguer dans les eaux tumultueuses avec plus de confiance et de grâce. Une semaine, elle voudra peut-être socialiser, la suivante, elle aura besoin de plus d'espace.

Une femme qui ne communique pas avec son corps dira des choses comme : « J'ai l'impression de devenir folle. » Le parcours d'une femme autonome implique d'apprendre à aimer son cycle au lieu de nier son pouvoir. Contrairement aux messages dont nous sommes bombardées, ralentir par choix est puissant, pas faible.

Le plus important est de se relier à son cycle menstruel, car c'est celui qui réunit tous les cycles de la nature. Siège de notre sagesse et de notre potentiel, il nous fait prendre pleinement possession de nos pouvoirs. Longtemps, le cycle menstruel n'a pas été considéré à sa juste place dans notre culture. On l'a considéré comme un processus « passif » que l'on a préféré ignorer ou cacher. On demandait aux femmes de ne pas manifester leur douleur, mais d'y faire face en silence. Il s'agit pourtant d'une source de créativité et de sagesse incroyable, pouvant aider l'ensemble de la société à se développer. Plus qu'un simple processus biologique, nous pouvons utiliser cette nature cyclique et ses énergies au quotidien, de manière active. Ce qui est un processus dynamique peut influencer de manière très concrète notre développement physique, émotionnel, intellectuel et spirituel.

Comme nous l'avons vu, en tant que femmes, nous sommes cycliques. Si elle n'est pas toujours facile à supporter, chaque phase a une fonction bien particulière et essentielle. Apprenons à les connaître et à les accueillir.

À savoir

Les premières règles surviennent en général vers l'âge de douze ans. Un cycle d'approximativement vingt-huit jours se met en place (la durée peut varier, de quatorze à plus de trente jours). Il durera jusqu'à la ménopause, aux alentours de la cinquantaine (là aussi, la durée est variable). Une série de changements intervient dans le corps de la femme (plus ou moins de manière consciente) : modification de l'équilibre des hormones, poids, rétention d'eau mais aussi transformation des facultés psychiques (comme le seuil de la douleur ou encore le moral).

Il est essentiel pour les femmes de réaliser de quelle manière leur cycle menstruel impacte leur corps et leur esprit, pour mieux canaliser son influence à la fois sur leur personnalité et leur énergie créatrice.

CHAPITRE 9

ÉLOGE DE LA SORORITÉ

Les relations que nous nouons avec les autres femmes sont très fortes et sont uniques, car nous nous autorisons à nous montrer dans toute notre vulnérabilité et notre authenticité. Il s'agit d'un véritable mouvement spirituel mais aussi politique, avec un changement de regard sur la société qui peut nous conduire vers quelque chose de plus grand, qui nous transcende : le chemin de la guérison.

À savoir

> **Dans l'éthique humaniste de la Chine ancienne, on trouve cet échange : « L'honnête homme (*kiun tseu*), dit Confucius, cultive sa personne et, par suite, sait respecter autrui ! — Est-ce tout ? demanda Tseu-Lou. — Il cultive sa personne et, par suite, il donne aux autres la tranquillité ! — Est-ce tout ? — Il cultive sa personne et donne la tranquillité au peuple entier ! »**

Quelques pistes pour une transmission réussie

- Le premier conseil est de prendre soin de soi pour pouvoir prendre soin d'un enfant. Parce que « *celui qui s'aime, ne fera pas souffrir quelqu'un d'autre* », disait le Bouddha. Mais aussi parce que l'apprentissage se fait tout d'abord en copiant. De la même façon que les enfants apprennent à parler en nous écoutant, ils apprennent de nos réactions face aux difficultés.

- Afin de préserver les enfants des formatages en tout genre, rien de tel que d'encourager la créativité sans chercher la performance. Pourquoi ne pas les inscrire à des cours d'écriture et de pratique théâtrale, qui invitent les enfants à faire le récit de sentiments universaux, qui nous relient au-delà de nos cultures et appartenances ?
- Proposer des moments de méditation aux enfants, avec pour objectif de porter leur attention sur leur souffle afin de développer la concentration et d'être pleinement présents. C'est une manière d'améliorer la mémoire et, surtout, de générer une baisse de l'anxiété générale.
- Pratiquer avec eux le yoga qui, au-delà des postures, envisage une éducation transversale, multidimensionnelle et holistique de l'être humain.

Les cercles de femmes

De tout temps, à travers les âges, les femmes se sont toujours réunies entre elles. Dès l'Antiquité, elles se retrouvaient pour se rendre à des festivals (et oui, déjà !) comme les Thesmophories. Au Moyen Âge, certaines vivaient en groupe et se donnaient le nom de Béguines. On trouve de tout : de la « *Red Hat Society* » (femmes de plus de cinquante ans vêtues de robes violettes et de chapeaux rouges) au groupe de thérapie avec des exercices et un travail sur soi…

Le mouvement des Tentes Rouges gagne aujourd'hui en popularité, notamment chez les femmes les plus jeunes qui se rassemblent une fois par mois, généralement lors de la nouvelle lune. Le but de ces cercles est de nous soigner de l'oppression patriarcale en nous mettant en lien les unes avec les autres, ce qui nous transcende.

La parole libère, soigne… Ce n'est d'ailleurs pas nouveau : lorsqu'une femme écoute avec empathie et prend soin de l'autre, elle produit de l'ocytocine, hormone du bien-être. Il est important néanmoins de poser des limites émotionnelles et mentales, et c'est ici qu'intervient l'outil par excellence du bon fonctionnement et de la fluidité de ces cercles : le bâton de parole. On le tient lorsqu'on parle, puis on le passe à la personne suivante. Il est interdit, pendant que quelqu'un parle avec le bâton, de bavarder, de faire des commentaires. Avec cette attention, la parole est délivrée en conscience, chaque mot est pesé, ce qui permet d'évoquer et de formuler à voix haute, avec plus de douceur, des sujets douloureux comme le décès d'un enfant. Le faire à voix haute, et les partager ainsi avec d'autres femmes, est un premier pas vers la guérison et la transformation.

Savoir que d'autres traversent les mêmes choses que nous fait relativiser, notamment lors de moments décisifs comme la naissance d'un enfant, où la solidarité féminine est déterminante. Ces réseaux permettent à ces femmes de se rencontrer dans des moments où elles se sentent particulièrement vulnérables, avec force et confiance. Unir, consolider des forces pour une plus grande autonomie créée une grande profondeur. Raconter des histoires, inspirer d'autres femmes : l'écoute peut s'avérer être une aide considérable. Il s'agit finalement d'une forme de mouvement féministe « de l'intérieur », lié à une interconnectivité plus profonde, où l'on rassemble les femmes en douceur.

Confectionner un bâton de parole

- Ouvrez votre espace sacré : un lieu où votre énergie vibre au plus haut et allumez une bougie.
- Choisissez un bâton, un morceau de bois dont vous ressentez une bonne énergie. Vous pouvez ajouter différents éléments : feuilles, pierres, ficelles, plumes, les valeurs et qualités indispensables (selon vous) pour déposer une parole (vérité, intégrité…). Chaque élément

peut représenter une personne, une énergie ou une médecine particulières.
- Une fois que vous avez terminé de le confectionner, n'hésitez pas à énoncer à voix haute ces différents éléments en le tenant dans vos mains, pour ressentir pleinement la puissance des intentions que vous y avez placées.
- Fermez votre espace.

Rituel pour soigner/réparer une relation abîmée

- Sachez tout d'abord que cela va prendre du temps, et que vous ne retrouverez pas complètement l'ancienne relation que vous essayez de soigner. L'objectif est de tisser de nouveaux liens authentiques, sincères et forts.
- Commencez par noter par écrit votre responsabilité, même une chose dont vous avez honte (nous le faisons toutes !). L'essentiel est de savoir prendre du recul, présenter des excuses et apprendre de nos erreurs.
- Soyez vraiment honnête avec vous-même. Vous pouvez vous faire aider d'un(e) ami(e) qui connaît la situation. N'oubliez pas que le seul moyen de progresser est d'assumer, en toute objectivité.
- Réfléchissez à ce que vous feriez mieux si cette situation devait se reproduire : quelle serait la meilleure version de vous-même, celle dont vous êtes la plus fière ?
- Demandez une véritable conversation à la personne en question, donnez-lui un peu de temps. Faites attention à bien choisir le contexte dans lequel elle sera le plus à l'aise : boire un verre, déjeuner ou même parler brièvement au téléphone.
- Évoquez avec elle votre responsabilité et excusez-vous. Expliquez comment vous réagiriez aujourd'hui dans une situation similaire (toujours votre meilleur « moi » !).
- Demandez pardon et pardonnez-vous dans tous les cas. Cela vous permettra de cesser de ruminer !
- Soyez disposée à entendre l'opinion de la personne ; écoutez avec compassion (mais attention tout de même à ne pas subir des reproches que vous ne méritez pas !).

- Demandez le bénéfice du doute. Vous ne demandez pas une confiance immédiate, mais faites en sorte que les autres sachent que vous ferez de votre mieux, et surtout que vous essayez de faire de votre mieux.
- Accordez également le bénéfice du doute (et ne vous appesantissez pas sur l'opinion que l'autre a de vous...).

Un appel de la conscience

On ne peut parler de féminin sacré sans évoquer le « masculin sacré ». On a pu entendre ce terme dans des situations de crise, mais il s'exprime aussi, de plus en plus, dans notre vie quotidienne, et il est essentiel de le prendre en considération dans une ère sans précédent de l'histoire de l'humanité et de la planète. Nous sommes toutes en proie à de la jalousie, nous sommes toutes entrées, à un moment de notre vie, en compétition les unes avec les autres... mais, si nous changeons d'angle de vue sur la réalité, nous réaliserons que les femmes sont également sur leur propre chemin, en quête de force et d'harmonie.

La compétition se transforme en collaboration. Notre énergie et notre force intérieure changent car elles prennent leur source, désormais, dans la confiance et l'amour. Nous pouvons toutes avoir un sentiment de connexion et d'unité harmonieuse, sans peur, avec l'autre : hommes et femmes. Collaborer, travailler sur soi en acceptant avec humilité nos fragilités : nous pouvons tous envisager nos relations dans la vie quotidienne différemment, en désactivant notre réactivité émotionnelle et nos habitudes, nos croyances si profondément ancrées. Il faut pour cela dépasser les rôles qui nous ont été inculqués par notre éducation, que nous avons appris, pour gagner en authenticité. Bien évidemment, cela ne se fait pas sans crainte. Mais considérons celle-ci comme un appel de notre conscience, de notre esprit à choisir avec discernement l'amour.

L'alliance du féminin et du masculin sacré

> *« La rencontre de deux personnalités est comme le contact de deux substances chimiques : s'il se produit une réaction, les deux en sont transformés. »*
>
> C.G. Jung

Quel exercice : maîtriser les polarités, voire unir les pôles opposés… Une forme de « yoga » de la confrontation, qui nous permet d'évoluer et de nous transformer ! Depuis la nuit des temps, l'homme et la femme se complètent et s'opposent avec un mélange d'énergies, de qualités et de défauts. Mais attention, cet apprentissage souvent fusionnel doit composer avec nos pulsions, nos passions, nos sentiments, eux-mêmes influencés par les croyances ou les lois. Cette relation est par exemple très marquée par le couple parental qui est, *a priori*, le couple de référence, mais aussi par ceux des générations précédentes, dont nous avons tendance à reproduire le schéma. La petite fille ou l'adolescente, par exemple, va être influencée par le comportement de ses parents : leur manière d'échanger, de s'aimer et de vivre ensemble. Elle sera marquée par leur épanouissement ou par l'inverse : la frustration, l'indifférence ou encore la violence au sein du couple.

Le masculin renvoie la femme à ses référents masculins mais, aussi et surtout, à la projection qu'elle s'en fait (ce qui peut donner lieu à beaucoup de malentendus et même fausser la relation !). La relation harmonieuse d'un homme et d'une femme devrait permettre d'accéder à l'union, la complétude, mais si les attentes respectives sont mal positionnées, elles ne peuvent être que source de déception et de conflits.

Parce qu'elles relèvent à la fois de l'intime et de l'universel, les relations amoureuses doivent faire partie intégrante de notre chemin vers l'accomplissement – même si, avec les réseaux sociaux, les applications et tous ces nouveaux « modes de drague », ces relations ont changé de nature. Elles s'intellectualisent et se négocient.

Le rapport de force qui peut exister dans la relation n'est pas forcément négatif, agaçant ou stérile. Il peut aussi se révéler stimulant, passionnant et épanouissant. Cette quête du féminin sacré peut nous permettre d'acquérir de nouvelles « compétences », en apportant tout d'abord ce que nous voulons recevoir. Il s'agit de se relier en conscience, pour plus d'authenticité.

Nous avons vu l'importance de l'intuition : il s'agit bien d'un moment où nous pouvons mobiliser cette ressource. Cette sagesse intuitive peut nous permettre de nous orienter vers des personnes qui correspondent réellement à nos attentes (au bout de trois secondes, nous serions fixées !). Plus nous sommes lucides sur le pouvoir de notre intuition, plus nous pouvons atteindre une clarté d'esprit qui nous permet d'en finir avec les illusions et le chapelet de chagrins d'amour qui les accompagne. Écouter la petite voix intérieure et se faire confiance est une clé prodigieuse !

Effectivement, c'est loin d'être simple : nous réagissons, même sans en être conscients, à des flux d'énergie… Il s'agit donc de faire attention à ce que nous dégageons, au rayonnement qui en émane (physique ET énergétique). Purifier l'aura est ici essentiel. Conjuguer dévouement et puissance personnelle, voilà la clé. Nourrir une relation de qualité, stable, fiable, profonde et sage, demande un niveau élevé de confiance, d'estime et de maîtrise de soi.

Établir une relation consciente

Ce chemin commence par l'acceptation de soi. La relation consciente concerne toujours notre relation à nous-mêmes : il ne peut en être autrement. Nos relations intimes sont l'ultime invitation à approfondir l'amour de soi. Tant que nous ne tiendrons pas compte de notre monde intérieur, nous verrons nos défis et nos conflits relationnels comme s'ils étaient à l'extérieur de nous. De ce point de vue, la guérison dans la relation semblera presque impossible, car la responsabilité n'aura pas encore été intégrée. Si nous nous engageons à nous connaître nous-mêmes, nous pouvons commencer à « faire le travail ». Cela signifie que nous avons le pouvoir de changer nos schémas et nos relations – sans avoir à convaincre quiconque, en dehors de nous, de changer ou d'être différent !

N'oublions pas, néanmoins, que nos relations les plus difficiles ont la capacité de devenir nos plus grands enseignants. Explorer plus profondément, et avec humilité, toutes les blessures que nous subissons peut servir de passerelle pour notre propre guérison. Se regarder dans le miroir peut être douloureux, mais c'est le seul moyen de changer le schéma et d'aller vers une connexion authentique et consciente.

Il est vrai que guérir nos relations est un travail difficile. Nous devons être courageuses et compatissantes avec nous-mêmes en cours de route. Prendre la responsabilité ne signifie pas que nous sommes responsables des actions de quelqu'un d'autre. Cela veut simplement dire que nous sommes prêtes à voir de quelle manière nous avons joué un rôle, à voir où nous en sommes aujourd'hui. Cela signifie que nous ne choisissons plus d'opérer à partir d'une certaine ignorance. Nous sommes enfin prêtes à posséder notre pouvoir et à intégrer notre ombre.

L'une des premières choses que nous pouvons faire, lorsque nous nous embarquons dans ce voyage, est de nous recentrer sur nous-mêmes et de nous connecter à nos vrais sentiments. Qu'y a-t-il vraiment derrière la défensive, l'évitement, l'anxiété, le contrôle, la jalousie ou la colère ? Cela ne signifie pas que l'on ne garde pas un espace pour la tristesse, le chagrin, l'insécurité, la vulnérabilité et la douleur non traitée. Parfois, nous restons bloquées sur le chemin de la guérison parce que tout cela semble trop difficile. La culpabilité et la honte s'installent et nous préférons retourner à une certaine ignorance au lieu de porter le fardeau et de nous sentir comme en échec. Mais nous avons toutes fait des erreurs. Nous avons toutes été blessées et avons tous blessé. Ne vous culpabilisez pas pour vos erreurs passées. Sous nos boucliers se cachent une innocence et une vulnérabilité profondes : c'est une invitation à les explorer.

Faire le travail, c'est vraiment apprendre à nous aimer et à nous accepter dans notre totalité : toutes nos ténèbres et toute notre lumière. Il est essentiel de se rappeler que la perfection n'est pas le but. Aucune relation n'est parfaite. Parfois, les relations les plus « conscientes » sont aussi celles où l'on a le plus de conflits, au début. Elles peuvent être nos enseignants les plus profonds si nous choisissons des partenaires prêts à être des alliés dans notre guérison.

Une relation consciente est aussi une façon d'être, un engagement à nous comprendre nous-mêmes, nos esprits, nos ombres, nos pensées et nos schémas. Il s'agit d'un engagement à revenir à l'amour à chaque instant. Choisir la compassion et le lâcher-prise au lieu de s'accrocher à une position. Nous sommes invitées à être vulnérables face à nous-mêmes, à nous montrer entières et complètes et à voir la même chose chez notre partenaire. Voir la relation elle-même comme une entité vivante. C'est un jardin qui a besoin d'être arrosé et entretenu avant de nourrir les deux personnes qui l'entretiennent.

Lorsque deux personnes sont vraiment engagées à construire une relation sacrée, sainte ou consciente, ce à quoi elles s'engagent vraiment est une relation à soi honnête, amoureuse et radicalement authentique.

À savoir

Travailler sur une relation consciente repose sur les piliers suivants :

- développer une relation profonde à soi et apprendre à connaître son ombre ;
- apprendre à s'apaiser et à se sentir en sécurité dans son propre corps ;
- acquérir des outils et une prise de conscience pour développer l'intelligence émotionnelle et pratiquer une communication saine ;
- construire des limites saines et écouter son corps ;
- faire de l'amour de soi et des soins une priorité ;
- apprendre à communiquer nos besoins et nos désirs avec amour ;
- considérer le conflit comme une opportunité de croissance. Prendre le temps de regarder nos schémas relationnels ;
- s'engager à comprendre notre propre esprit. Cela signifie que nous pratiquons la prise en charge de nos expériences, nous apportons une auto-compassion et une acceptation radicales à notre processus de guérison.

Permettre à la véritable essence féminine de s'exprimer

Nous hébergeons toutes des énergies « archétypales » : les tensions et les frictions sont toujours utiles au sein d'une relation. Il ne s'agit pas d'être uniquement sur « la même longueur d'onde » que notre partenaire, qu'il nous ressemble ou pas, au contraire. L'alchimie peut complètement prendre avec deux caractères « opposés ». Aidez-vous pour cela du langage corporel : la qualité de la relation dépendra toujours de l'intention et de l'énergie que chacun y met… Il faut que le niveau soit suffisamment élevé pour que chaque partenaire s'élève et se sente inspiré. Il est donc indispensable de travailler sur les rapports de force et sur les pièges (même inconscients) au sein du couple, pour ne pas plonger dans un schéma relationnel qui enferme dans l'agressivité et pour parvenir à un degré de relation plus profond. Dans les deux cas, il est important pour chacun de prendre ses responsabilités, d'être capable de compassion et de discernement afin de créer une relation bienveillante.

Pour permettre, dans ce cadre, à la véritable essence féminine de s'exprimer, il est nécessaire de renforcer le cœur (par des méditations), de dissiper l'insécurité tout en consolidant la clarté d'esprit et notre capacité à se projeter. Si les hommes et les femmes sont différents dans la manière d'aimer et de se lier à l'autre, les comportements biochimiques et les attitudes peuvent être complémentaires : toutes les relations sont régies par les lois de polarité. Par exemple, savoir respirer et rentrer dans son calme intérieur est une qualité en lien avec la masculinité, tout comme la force, la fiabilité, la créativité et l'habileté.

Nous devons donc honorer nos natures féminines et masculines, apprendre à « naviguer » dans notre expérience relationnelle pour permettre une relation harmonieuse qui doit nous aider à grandir.

Nous devons cultiver une force consciente et profonde pour nous permettre de rester stables face aux hauts et aux bas de la vie.

Habiter sa royauté

Évoluer dans ce monde des rencontres de manière plus consciente et intelligente passe aussi par le fait d'avoir plus de respect dans les relations sexuelles (cela augmente l'expansion de la conscience).

S'améliorer permet d'attirer des personnes de qualité, et de l'épanouissement relationnel naît un échange d'énergies et d'expériences passionnant. Cela permet d'accéder à des relations thérapeutiques, productives plutôt que destructives et perturbantes. Il est évident que le lien doit être, pour cela, autant spirituel que mental et physique. Pour trouver des personnes qui révèlent le meilleur de nous-mêmes, sources d'inspiration, des guides, des compagnons/compagnes de voyage, n'oublions pas l'importance de l'intégrité, afin que l'intimité et la connexion entre les êtres s'intensifient et donnent accès à une dimension supérieure de leur être.

Toutes les femmes, même « fortes », ont besoin d'être rassurées, d'affection et de calme intérieur. Habitez ce magnifique territoire qu'est votre royauté : corps-âme-esprit. La construction de la rencontre avec un homme ou une femme s'opère pas à pas. Il est essentiel de suivre notre instinct, de le considérer sans renier notre désir mais d'user de notre discernement pour protéger notre territoire, nous protéger. L'amour doit être enraciné à l'intérieur plutôt qu'à l'extérieur de vous-même. Tomber amoureuse de votre propre pouvoir féminin, c'est tomber amoureuse de vous-même. Ce n'est pas un processus de division ou de séparation – bien au contraire. Ce n'est qu'en gagnant votre autonomie et en vous chérissant vraiment que vous pourrez diffuser pleinement votre pouvoir féminin et votre amour vers l'extérieur, vers l'Autre, dans le monde. Au fur et à mesure que cela se produit, vous participez au processus de rééquilibrage qui s'opère dans le monde entier, sur l'ensemble de la planète, et qui profite à tous les êtres.

CONCLUSION

À l'heure où les réseaux, les combats, les voix et les polarités du féminisme se multiplient, pourquoi ne pas envisager aujourd'hui un féminisme « inclusif » qui représenterait une unité masculin-féminin en nous-mêmes, pour la partager avec harmonie dans le monde…

Des énergies qui s'équilibrent et ne s'effacent pas les unes les autres… Peut-être est-ce la clé ? Tentons de cultiver à la fois l'énergie de la mise en action et celle d'une écoute plus douce. Un nouvel humanisme, tout simplement. Déconstruisons l'héritage culturel et économique qui a permis d'asseoir la domination masculine, afin d'entrer dans une nouvelle ère de progrès durable.

Même avec deux siècles de combat de la part du féminisme pour faire naître une égalité, notamment citoyenne, entre les hommes et les femmes, en droits et en devoirs, les résistances restent fortes et ancrées. La principale responsable, comme toujours, est la peur du changement, profondément ancrée dans notre inconscient collectif.

Nombreux restent les territoires à conquérir, mais le chemin inspirant de progrès qui s'ouvre à nous doit être celui du féminin ET du masculin, pour créer une société harmonieuse et durable. Réconcilions nos parts et nos dons communs d'humanité, dans le respect de nos singularités. Si nous mutualisions nos valeurs, nos qualités, nos capacités, notre savoir-faire et notre savoir-être, nous pourrions tous œuvrer pour une humanité plus libre. En affichant nos doubles polarités, corps et esprit, intuition et raison, à travers notre féminin ET notre masculin, nous avancerons vers une société plus équilibrée pour nous et les générations futures.

PEFC
10-31-2541
Certifié PEFC
Ce produit est issu de forêts gérées durablement et de sources contrôlées
www.pefc-france.org

N° imprimeur : 2106835
Dépôt légal : janvier 2022

Imprimé en France par Normandie Roto s.a.s. en janvier 2022

Cet ouvrage est imprimé sur du papier Offset DNS Premium 80 g, papier issu de forêts gérées durablement.